DUMONT

Wie kommt das Neue in die Welt? Durch jemanden, der etwas völlig Verrücktes denkt: Dass der Mensch mal ein Affe war. Dass Zeit nicht immer gleich vergeht. Als diese Ideen entstanden, waren es Hirngespinste von Verrückten. Einem genialen Gedanken zu folgen erfordert Mut: Es ist, wie auf einen fahrenden Zug aufzuspringen, ohne zu wissen, wohin er fährt. Nach Stockholm? Oder nach Sibirien? Nobelpreis oder Verbannung? Warum aber tun wir uns so schwer mit Gedanken, die irgendwie »anders« sind?
Jürgen Schaefer zeigt, wie wir alle querdenken und damit »kleine Revolutionen« in unserer Lebenswelt auslösen können: im Job, im Umgang mit Freunden, dem Partner, den Kindern (die ja bekanntlich die größten Querdenker überhaupt sind), in unserer Suche nach Glück.

Jürgen Schaefer, geboren 1965, arbeitet er als Redakteur bei der Zeitschrift GEO und lebt in Hamburg.

Jürgen Schaefer

DIE KUNST DES QUERDENKENS

Wege zu neuen Ideen

DUMONT

August 2012
DuMont Buchverlag, Köln

Erschien im Hardcover unter dem Titel
»Genie oder Spinner. Sind wir offen für Neues?«
Umschlag: Zero, München
Umschlagsabbildung: FinePic®, München
Satz: Fagott, Ffm
Gesetzt aus der Documenta und der Frutiger
Gedruckt auf säurefreiem und chlorfrei gebleichtem Papier
Druck und Verarbeitung: CPI – Clausen & Bosse, Leck
Printed in Germany
ISBN 978-3-8321-6216-0

www.dumont-buchverlag.de

»Unser Kopf ist rund, damit das Denken die Richtung ändern kann.«

Francis Picabia

Inhaltsverzeichnis

Einleitung

GENIE ODER SPINNER – SIND WIR OFFEN FÜR NEUES?

Jedes Kind kennt diese Geschichte: Vor 65 Millionen Jahren stürzte ein Monstermeteorit auf die Erde. Er schlug dort, wo heute der Golf von Mexiko ist, einen 180 Kilometer breiten Krater und wirbelte so viel Staub auf, dass sich der Himmel verdunkelte. Pflanzen verwelkten, ein langer Winter brach über die Erde herein. Die Dinosaurier, die Jahrmillionen auf dem Planeten Erde dominiert hatten, verhungerten und starben aus.

»Das ist«, sagt die Geologin Gerta Keller und überlegt kurz, wie sie es in Worte fassen soll, »eine attraktive Idee. Sexy! Und einfach zu begreifen.« Keller lächelt. »Aber leider falsch. Das haben wir längst bewiesen.«

Keller lehrt an der amerikanischen Princeton-Universität, auf einem Campus wie ein englisches Schloss, mit Sandsteintürmchen und Schindeldächern. Die Büsche im Park werden mit der Schere gestutzt. Im Innern quietschen Eichentüren; ein Ort, an dem seit Generationen Geologen versteinern. Im Erdgeschoss verstaubt ein Dinosaurierskelett. Die Frage, warum diese Riesenreptilien ausgestorben sind, galt unter Geologen lange als geklärt. Bis Gerta Keller kam. Seit 25 Jahren schlägt sie ihr Geologenhämmerchen an diesem granitharten Dogma stumpf. Für manche hat sie das zur Heldin gemacht.

Für die meisten ihrer Kollegen ist sie eine Nervensäge.

Keller sieht aus, als hätte sie sich seit Woodstock nicht mehr umgezogen; gelb getönte Brille, Flatterbluse, graue Spaghettilocken. Sie stammt aus Liechtenstein und spricht Englisch mit einem knarzenden Schweizer Akzent. »Absolute Wahrheit«, sagt sie, »gibt es nur in der Mathematik. In der Geologie dagegen hilft nur, neugierig zu bleiben. Offen für Neues.«

Für die Demission der Dinos, glaubt sie, waren massive Vulkanausbrüche und Meteoritenschauer verantwortlich. Das Sterben zog sich über zwei Millionen Jahre hin. Spekulationen über einen jahrelangen Winter, der dem Meteoriteneinschlag folgte, wären damit hinfällig. Immer wieder hat es in der Erdgeschichte Massensterben gegeben; die Frage nach deren Warum müsse komplett neu gestellt werden, sagt Gerta Keller.

1985 präsentierte sie ihre Theorie auf einem Geologen-Kongress. »Ich wurde als ›George Keller‹ angekündigt, so unbekannt war ich.« Das sollte sich ändern. »Schon bei der Einleitung standen die Ersten am Saalmikrofon Schlange, um zu widersprechen.« Kellers Vortrag ging im Geschrei der Gegner unter. »Ich dachte: Ach du Scheiße!«, erinnert sich Gerta Keller. »Aber es kam alles noch schlimmer.«

Inzwischen weiß sie, was der irische Dramatiker George Bernard Shaw gemeint haben könnte, als er 1917 schrieb: »Am Beginn jeder großen Wahrheit steht immer eine Gotteslästerung.«

Kellers Gegenspieler war Luis Alvarez, Nobelpreisträger. »Einer dieser Männer, die glauben, sie könnten über Wasser gehen«, spottet Keller. Ein zorniger Prophet des Meteoriten. »Einmal, auf einem Kongress, war ich auf dem Weg vom Podium zurück zu meinem Platz. Da lehnte sich Alvarez so weit in seinem Sessel zurück, dass er mir den Weg versperrte, und sagte: ›Gerta, nerv uns nicht mit deinen Zahlen. Wir brauchen sie nicht. Wir wollen sie nicht‹«, erzählt Keller. »Wäre ich da nicht schon unkündbare Professorin in Princeton gewesen, hätte das meine Karriere beendet.«

Seitdem tobt der Streit. Alvarez ist tot, doch die weitaus meisten Geologen unterstützen bis heute seine Hypothese. »Viele sind Mitläufer«, beharrt Keller. Warum ist sie so hartnäckig? Will sie kein Einsehen haben? »Jetzt kann ich nicht mehr aufgeben, dafür ist es zu spät«, sagt sie seufzend.

Die Übermacht der Meteoritenfans ist drückend. Sie sitzen in den Gremien, die Forschungsgelder genehmigen. Sie entscheiden als Experten, ob Kellers Zahlen publiziert werden oder nicht. »Manche Studenten sagen mir: ›Gerta, ich weiß, dass du recht hast. Aber mit deiner Theorie kriege ich nirgends einen Job.‹« Die Gravitation der Masse.

»Im Mittelalter«, sagt Gerta Keller, »hätten sie mich auf dem Scheiterhaufen verbrannt.«

Querdenker. Querulant. Störenfried: Neugier und Forscherdrang treiben Menschen immer wieder auf die Suche nach dem Neuen. Doch wehe dem, der es findet.

Querdenker können nichts dafür: Eine Idee befällt einen Menschen wie eine Geisteskrankheit. Unter ihrem Einfluss beginnt sich seine Realität zu verformen, bis der Betroffene Dinge sieht, die niemand vor ihm sah.

Gekrümmte Räume. Einen Seeweg nach Indien. Das Äffische im Menschen.

Spätestens dann sollte er in Gesprächen vorsichtig sein. Je größer der Gedanke, desto größer die Einsamkeit in seinem Gefolge. Manche Idee wird zum Parasiten, der sich eines Menschen bemächtigt, ihm alle Energie, alle Zeit, sein Leben abverlangt. Doch diesem einen, genialen Gedanken zu folgen erfordert Mut: Es ist, wie auf einen fahrenden Zug aufzuspringen, ohne zu wissen, wohin er fährt. Nach Stockholm? Oder nach Sibirien?

Nobelpreis oder Verbannung?

1780 experimentierte Luigi Galvani mit Froschschenkeln und entdeckte die Bio-Elektrizität. Das Establishment verspottete ihn als »Froschtanzlehrer«. Alfred Wegener kam 1911 den sich verschiebenden Kontinentalplatten auf die Spur. Die Geologen höhnten, Wegener sei von der »Polschubseuche« befallen.

1848 forderte der ungarische Arzt Ignaz Semmelweis, dass Ärzte, nachdem sie Leichen seziert hatten, sich die Hände waschen sollten, bevor sie bei einer Geburt assistierten. In Semmelweis' Abteilung sank dadurch die Müttersterblichkeit von zwölf auf zwei Prozent. Seine Kollegen verachteten ihn gleichwohl. Derartiges kann auch heute noch passieren: Erst 1984 entdeckte der australische Mediziner Barry Marshall, dass nicht Stress, sondern Bakterien Magengeschwüre verursachen. Niemand glaubte ihm. In seiner Verzweiflung griff Marshall zum Becher mit dem Bakteriensud, um sich erst zu infizieren und dann selbst zu heilen.

Semmelweis gilt heute als Erfinder der Hygiene, Marshall als Held der Magenkranken. Marshall wurde nach Stockholm eingeladen: Er erhielt, 2005, den Nobelpreis für seine Entdeckung. Semmelweis starb in der Verbannung: im Irrenhaus.

Geniale Ideen retten Leben. Doch dafür braucht es meist einen mutigen Menschen, der bereit ist, seine Idee eigenhändig durch ein Sperrfeuer von Hass und Häme zu tragen. Warum ist das so? Warum machen wir Querdenkern das Leben so schwer?

»Wir lieben Querdenker! Aber erst, wenn sie mindestens seit 50 Jahren tot sind«, spottet der kalifornische Sozialpsychologe Elliot Aronson. Dass Dissidenten wie die Geologin Gerta Keller bittere Schmähungen zu ertragen haben, wundert ihn nicht. »Wir mögen es nicht, wenn jemand uns Dinge sagt, die nicht in unser Weltbild passen.«

Weil wir uns schützen – vor dem welterschütternden Neuen. Denn je mehr wir über die Welt wissen, umso vertrauter scheint sie uns. Diese grundsätzlichen Wahrheiten geben uns Sicherheit; jeder Angriff auf dieses Fundament unseres Wissens stellt unsere Weltgewissheit in Frage. Deswegen haben es Querdenker so schwer: Je kühner ihre Idee, umso heftiger das Erdbeben, das sie auslösen. Manchmal schützen wir uns allerdings auch vor schlichtem Unfug.

Die Geologin Gerta Keller, unfreiwillig zur Schutzpatronin aller Dinosaurier-Dissidenten aufgestiegen, bekommt seitenlange Traktate mit Szenarien über den Untergang der Riesenechsen zugeschickt. Ein Arzt schreibt ihr, Eierdiebe seien der Grund: Die Saurier waren unfähig, ihr Gelege zu vergraben. Der Mediziner hat die Theorie experimentell getestet und dies auf Fotos dokumentiert: Er hat Hühnereier am Strand ausgesetzt. Jene in offenen Nestern waren am nächsten Morgen weg, die eingegrabenen noch da. Was zu beweisen war!

»Nicht jeder Spinner ist ein Querdenker. Wer nicht im Wissen zu Hause ist, kann nicht querdenken«, wagt der Berliner Wissenschaftshistoriker Jürgen Renn eine Definition. Echte Querdenker dagegen können wissenschaftliche Revolutionen auslösen, »sie spielen eine Rolle bei der Entstehung neuer Perspektiven«. Perspektivenwechsel – oft ist es nur ein neuer Blick auf Bekanntes, der eine Umwälzung in Gang setzt.

Dabei ist das richtige Timing entscheidend für den Erfolg einer neuen Idee. »Die historische Situation muss den Perspektivwechsel zulassen«, erklärt Historiker Renn. »Hätte Einstein seine Relativitätstheorie 50 Jahre früher aufgestellt, wäre er im Irrenhaus gelandet.« Querdenker sind, bei aller Genialität ihrer Einzelleistung, eben auch ein Produkt ihrer Zeit – und damit nicht unersetzlich: Das zeigen Mehrfacherfindungen wie das Telefon und die Glühbirne. Ein Paradigmenwechsel ist meist nicht an einen bestimmten Helden gebunden.

Wie lässt sich also erkennen, ob eine Idee genial ist – oder genial daneben? Und wer soll das entscheiden? Für die allwissende Nachwelt ist es einfach, Galileo für genial zu halten. Die Zeitgenossen in ihrer Froschperspektive konnten nicht wissen, ob der Astronom nicht doch in Wahrheit ein Märchenerzähler war.

»Nature«, eines der weltweit wichtigsten wissenschaftlichen Journale, vertraut bei der Unterscheidung zwischen »Geistesblitz« und »Irrlicht« auf den Sachverstand seiner rund 30 Redakteure und auf das System des Peer Review, bei dem Experten aus dem jeweiligen Feld eingereichte Arbeiten begutachten.

95 Prozent aller Thesenpapiere werden abgelehnt – die meisten übrigens nicht, weil sie zu revolutionär sind, sondern weil sie zu wenig Neues bieten. Auch Forschungsgelder werden stets erst nach einem Expertengutachten vergeben. Das stellt sicher, dass kein Geld in einen Spinner investiert wird, der Hühnereier am Strand vergräbt. Doch gibt es wohl kaum einen Wissenschaftler, der nicht schon einmal am Peer Review verzweifelt ist. Nicht nur profilierte Dissidenten wie Gerta Keller: Auch die Erfinder des Rastertunnelmikroskops scheiterten zunächst, weil ein Experte ihre Arbeit »nicht interessant genug« fand. Das Nobelpreiskomitee war einige Jahre später anderer Meinung.

Das System des Peer Review ist per Definition fortschrittsfeindlich: Als Maßstab für die Zukunft gilt der Status quo. Manche Experten, die zur Begutachtung neuer Ideen herangezogen werden, haben ihr Forscherleben in eine Theorie investiert – die durch das Thesenpapier auf ihrem Schreibtisch in Frage gestellt wird.

Die Meteoritentheorie hat Luis Alvarez weltberühmt gemacht, doch setzen sich Gerta Kellers Thesen durch, wird Alvarez' Porträt aus der Ruhmeshalle der Geologie in den Keller verbannt, in dem die staubigen Gesteinsproben lagern. Mit solch einer Herausforderung tun sich nicht nur Wissenschaftler schwer: »Dieser Junge hat überhaupt kein Talent! Sagt ihm, dass er mit dem Malen aufhören soll«, räsonierte der Maler Édouard Manet, einer der letzten Realisten, über Pierre-Auguste Renoir, den frühen Impressionisten.

In der Wissenschaft führt das Expertensystem zu einer »gewissen inneren Trägheit«, wie Historiker Jürgen Renn attestiert – die aber nicht nur schlecht ist: »Intelligente Systeme wachsen durch Erfahrung. Dass dabei die Masse des Bekannten über das Neue überwiegt, gibt dem System Stabilität.« Eine Wissenschaft, die sich von jeder neuen Nachricht in ihren Grundfesten erschüttern ließe, wäre als Instrument zum Verständnis der Welt bald nutzlos. Die Kunst liegt darin, sicher zu stehen und zugleich beweglich zu bleiben.

Die Wissenschaft muss Antworten geben – ohne aufzuhören, weiter Fragen zu stellen. Dasselbe gilt auch für das »intelligente System Mensch«, das sich nicht beliebig verändern kann. Wer heute an Gott glaubt, morgen an Darwin und übermorgen an Ufos, wird nicht ernst genommen. Auch deswegen meiden wir jene, die radikale Veränderung fordern (mehr dazu in Kapitel 2 dieses Buches).

Und es gibt noch einen weiteren Grund: die Macht der Mehrheit und unsere Angst, allein zu stehen. Diese Angst vor der sozialen Isolation ist so stark, dass wir uns beugen, selbst wenn uns niemand dazu zwingt. Das zeigt ein Experiment aus den frühen 1950er-Jahren des Psychologen Solomon Asch an der amerikanischen Harvard-Universität: Wir verraten unsere Überzeugung mitunter, nur um in einer Gruppe nicht allein zu stehen – selbst wenn wir dieser Gruppe nicht einmal wirklich angehören.

Das Experiment war denkbar einfach: Solomon Asch, Professor für Psychologie am US-amerikanischen Swarthmore-College, zeichnete auf einen Stapel Papierblätter vier Striche, von denen jeweils zwei gleich lang waren. Als er die Blätter Versuchspersonen vorlegte, waren 99 Prozent von ihnen in der Lage, die gleich langen Striche zu identifizieren.

Dann änderte er den Versuchsaufbau. Statt einzeln wurden die Probanden nun in Gruppen zum Strichtest geladen. Doch nur einer aus der Gruppe war Versuchsperson; die Übrigen waren Eingeweihte, die kollektiv falsche Antworten gaben. Die echten Probanden waren verunsichert – und liefen in Scharen zur Mehrheit über. Das Experiment wurde seither Hunderte Male überall auf der Welt wiederholt, immer mit demselben Ergebnis: Wir sind zum Schaf geboren (mehr dazu in Kapitel 1).

Aber was haben wir davon, dass wir uns so leicht unterordnen – statt einfach die Wahrheit zu sagen? Diese Frage trieb den Hirnforscher Gregory Berns von der Emory-Universität im US-Bundesstaat Georgia um. Berns, 45, beschäftigt sich seit Jahren mit Querdenkern. Auch er wiederholte das Asch-Experiment, ließ dabei das Gehirn des Probanden im Computertomographen durchleuchten. Berns Analyse: »Dissens ist anstrengend. Diskussionen sind anstrengend.« Anstrengung ist allerdings etwas, was unser Gehirn (»ein träges Stück Fleisch«) unter allen Umständen zu vermeiden sucht. Auch deswegen ordnen wir uns lieber einem Konsens unter, als unsere quergedachte Meinung durchzukämpfen.

Aber tun wir dies bewusst? Als Berns die Aufnahmen aus dem Hirnscanner sah, machte er eine überraschende Entdeckung: Bei den Überläufern herrschte Funkstille in jenen Regionen des Gehirns, wo Entscheidungen getroffen werden. Das heißt, die Betroffenen hatten sich wohl nicht bewusst entschieden, sich der

Gruppe unterzuordnen. Aktiv waren dagegen Regionen, die mit der Wahrnehmung beschäftigt sind. Berns' Erklärung: Die Überläufer wurden von ihrem eigenen Gehirn hinters Licht geführt. »Die falsche Antwort der Gruppe projizierte im Gehirn des Probanden ein falsches Bild von den Strichen auf dem Papier.«

Eine perfekte Selbsttäuschung: Den Probanden war gar nicht bewusst, dass sie sich der Übermacht beugten. Aber wenn wir gar nicht merken, dass wir von der Mehrheit erdrückt werden – wie können wir uns dann dagegen wehren? Welchen Wert hat dann unsere Stimme in einer Abstimmung, die von einer Mehrheit dominiert wird?

Wo bleibt unser freier Wille?

»Freier Wille? Das werde ich oft gefragt«, sagt Berns. »Vieles, was im Gehirn passiert, können wir von außen beeinflussen und vorhersagen. Aber es gibt ein Grundrauschen, in das wir nicht eindringen. Das sind plus/minus 20 Prozent. Da steckt für mich der freie Wille.«

Doch wehe, wir machen davon Gebrauch: Dann bestraft uns unser eigenes Gehirn dafür. Es setzt Stresshormone frei, der Herzschlag beginnt zu rasen. All das haben Querdenker zu ertragen, wenn sie ihre Stimme erheben. An der Interpretation seiner Computerbilder hat Berns keinen Zweifel: »Das ist Angst, was wir hier sehen.«

Es ist diese Angst, die aus den meisten Menschen Konformisten macht. Aber ist diese Angst überhaupt berechtigt? Warum können wir Dissens nicht einfacher aushalten, und warum ertragen wir es so schwer, allein zu stehen?

Weil wir glauben, ohne die Gruppe nicht überleben zu können. Für Hunderttausende von Jahren der Menschheitsgeschichte war dies auch so: Wer von der Gruppe allein gelassen wurde, war dem sicheren Tod ausgeliefert. Das prägt uns bis heute.

Denn die psychischen Kosten, die Querdenker für ihr Aufbegehren gegen den Konsens bezahlen, sind erheblich. Wer geächtet wird, erleidet »Depression, Einsamkeit, Beklemmung, Frustration und das Gefühl, unsichtbar und hilflos zu sein«, schreiben die Psychologen Kipling Williams, Christopher Cheung und Wilma Choi von der University of New South Wales im Jahr 2000 in einem Papier über die negativen Folgen sozialer Isolation. Und das, obwohl die Teilnehmer ihrer Studie einer sehr losen Gruppe angehörten: Sie waren Teilnehmer an einem Online-Spiel. »Ausgrenzung bedroht grundlegende menschliche Bedürfnisse: Zugehörigkeit, Selbstwert, Kontrolle über das Leben und Lebenssinn«, begründen die Psychologen die negative Macht der Ächtung. Ausgrenzung, argumentieren die Psychologen, ist eine Metapher dafür, wie das Leben wäre, wenn es uns nicht gäbe – »eine schmerzlich empfundene Erinnerung daran, wie fragil das Leben ist«.

Der Mehrheit anzugehören gibt dagegen Geborgenheit. Deswegen sind wir stets versucht, uns in die Gruppe einzugliedern. Im Innern der Gruppe pflegen wir Gemeinschaft und vermeiden Streit. Querdenker stören in diesem Streben nach Harmonie wie eine Pauke im Streichquartett.

Im Zweifel sind wir bereit, den Kuschelkonsens mit allen Mitteln zu verteidigen. Im Extremfall kann dies sogar dazu führen, dass sich eine Gruppe weitgehend von der Außenwelt abschottet, den Bezug zur Realität verliert und daher absurde Entscheidungen trifft. Die Sozialpsychologie hat dafür den Begriff des »Gruppendenkens« geprägt, definiert durch eine Reihe von unsichtbaren Ritualen und Mechanismen: Die Mitglieder der Gruppe versichern sich gegenseitig der Richtigkeit ihrer Ansicht und fühlen sich daher stärker und moralisch weniger angreifbar, als sie es eigentlich sind. Sie diffamieren abweichende Meinungen und schotten sich gegen Widersprüche ab, statt sie zum Anlass zu nehmen, ihre Ansichten zu überprüfen. Sie üben Druck auf jene aus, die widersprechen, und wenn sie bei ihrer Meinung bleiben, werden sie ausgegrenzt. Es ist eine Immunreaktion der Gruppe, die den Konsens vor Zweiflern schützt, die Widerspruch im Keim ersticken soll. Einige Gruppenmitglieder schwingen sich zu Konsenswächtern auf; zu Revolutionsgarden, die Quertreiber einschüchtern (dazu mehr in Kapitel 3).

Wie notwendig diese Mechanismen sind, um einen Konsens zu beschützen, zeigt das Experiment des Psychologen Solomon Asch. Hatte dort die Testperson auch nur einen Verbündeten, ließ sie sich kaum noch vom Druck der Mehrheit unterkriegen. Offenbar macht es uns nichts aus, eine Minderheitsmeinung zu vertreten – solange wir nicht die Einzigen sind.

Was aber, wenn es niemand wagt, sich gegen den Konsens aufzulehnen? Dann entsteht in der Gruppe eine Illusion der Einstimmigkeit: Alle denken, dass alle anderen einer Meinung sind. Dann fehlt das wichtigste Element, um eine Theorie oder Idee weiterzuentwickeln: der Zweifel. Dann droht selbst weltweit vernetzten intelligenten Systemen die Erstarrung – etwa, wenn eine wissenschaftliche Disziplin von einem Dogma dominiert wird wie eine Sekte. Zum Beispiel, wenn die Elite der Ökonomie in autistischer Weltabgeschiedenheit eine Zukunft ohne Rezessionen herbeirechnet, während sich vor ihren Augen die schlimmste Finanzkrise seit 80 Jahren entfaltet.

Wer den Wirtschaftsweisen widersprach, wurde ausgegrenzt. Wie etwa der Ökonom Nouriel Roubini, der schon 2006 zu fragen wagte, wann die Immobilienblase in den Vereinigten Staaten platzen werde. Seine Kollegen verspotteten ihn als »Dr. Doom«, »Doktor Untergang«.

Die Spötter waren Opfer ihrer eigenen Überlegenheit geworden: Sie waren in ihrer Fachdisziplin und in der Öffentlichkeit so hoch angesehen, dass sie sich ihrer Sache zu sicher wurden. Sie hörten auf, an sich zu zweifeln, sie stellten keine Fragen mehr: Sie gaben Antworten.

Sie waren Experten geworden.

Angenommen, wir wollten Geld verwetten auf eine wichtige Frage. Etwa, in welchem Staat sich das Volk als Nächstes seines Diktators entledigt. Nordkorea? Kuba? Uganda? Simbabwe? Wäre das eine absurde Wette? Nicht ganz: Wer mit seinem Geld an der Börse spekuliert, trifft täglich derartige Vorhersagen. Da wir nicht in die Zukunft sehen können, brauchen wir einen Rat. Wem also würden wir uns eher anvertrauen: einem ausgewiesenen Experten für Politik – oder einem dressierten Schimpansen, der mit Dartpfeilen auf eine Weltkarte wirft?

Die Antwort ist eindeutig: Wenn uns unser Geld wert und teuer ist, sollten wir auf den Schimpansen setzen.

So absurd dies klingt – es ist das Ergebnis einer aufwendigen Langzeitstudie. 20 Jahre lang verfolgte der amerikanische Psychologe Philip Tetlock die Vorhersagen von Fachleuten – Journalisten, politischen Beratern, Ökonomen, Analysten – und überprüfte die Wahrscheinlichkeit, dass diese Vorhersagen eintraten. Das Ergebnis war niederschmetternd: Die ausgewiesenen Experten schnitten in ihren Prognosen schlechter ab, als wenn sie gewürfelt hätten. Das heißt, all ihr Wissen, das sie in jahrelanger Beschäftigung mit einem Thema angehäuft hatten, war nicht nur vollkommen nutzlos – es war ihnen sogar im Weg. Denn am schlechtesten waren ausgerechnet jene Experten, die das höchste Ansehen hatten (mehr dazu in Kapitel 4).

Was lernen wir daraus? Zum einen: Die Zukunft ist unvorhersehbar. Sosehr wir uns auch bemühen: Niemand hat den Fall der Berliner Mauer 1989 oder die arabischen Befreiungsbewegungen 2011 vorhergesehen. Das hat damit zu tun, dass wir uns schon sehr schwer damit tun, komplexe Systeme in der Gegenwart (etwa den Weltfinanzmarkt) zu verstehen – und in der Zukunft wächst die Komplexität durch die große Zahl der Variablen exponentiell.

Doch noch wichtiger ist eine zweite Lektion aus der Tetlock-Studie: Wenn wir zu Experten werden, neigen wir dazu, unsere eigenen Schlussfolgerungen für so unumstößlich wahr zu halten, dass wir widersprechende Indizien leichtfertig ausblenden. Wer aber seine eigenen Thesen nicht mehr hinterfragt, wird blind für Veränderungen der Realität und für Schwachstellen seiner Theorie. Wenn wir dann irren – was wir, wie Tetlocks Studie zeigt, unweigerlich tun –, biegen wir uns die eigene Vorhersage zurecht. Viele Experten in der Studie, die mit ihrer Vorhersage klar danebengelegen hatten, wollten und konnten sich daran später nicht mehr erinnern. Im Gegenteil: Sie behaupteten sogar, sie hätten genau dies vorhergesagt, was schließlich eingetreten war.

Für diese Borniertheit gibt es tatsächlich eine biologische Erklärung. Denn was uns zum Experten macht, ist weniger unser Talent – das spielt dabei nur eine untergeordnete Rolle –, sondern konsequentes Training. Jahrelanges Training: Egal, ob es um Komponisten, Basketballprofis, Schriftsteller, Eiskunstläufer, Konzertpianisten, Schachspieler oder Meisterdiebe geht – um in einer Sache richtig gut zu werden, brauchen wir in der Regel 10 000 Stunden Training; das sind drei Stunden täglich, rund zehn Jahre lang. Dann beherrschen wir unser Fachgebiet zwar nicht im Schlaf, aber wenigstens teilweise im Unterbewussten, weil unser Gehirn dieses Wissen in Modulen gespeichert hat, auf die wir sehr schnell und effizient zugreifen können. Leider ist die Kapazität unseres Gehirns beschränkt: Wir bezahlen diese hohe Effizienz mit einem Verlust an Elastizität. Die Fähigkeit, die einen Experten zum Meister seines Faches werden lässt, ist es auch, die es ihm schwer macht, Neues zu verstehen, das mit seiner Expertise kollidiert.

Deswegen brauchen wir Querdenker: um unser Weltbild aufzubrechen. Wenn wir aufhören, an uns selbst zu zweifeln, brauchen wir Menschen, die uns sagen, dass wir uns irren. Mehr noch, wenn wir uns in einer Gruppe befinden, in der sich alle mehr oder weniger einig sind: Solche Gruppen sind Brutstätten für radikale Ansichten. Denn in einer Gruppe, in der keiner widerspricht, verschaffen sich vor allem jene Gehör, die sich ihrer Sache sicher sind. Davon angeführt, verschiebt sich in der Diskussion der vermeintliche Konsens immer mehr in eine extreme Richtung.

Das zeigt sich zum Beispiel bei Beratungen von Geschworenen: Dort liegt das Strafmaß am Ende nicht in der goldenen Mitte dessen, was die einzelnen Mitglieder der Jury unabhängig voneinander vor den Beratungen für vernünftig gehalten haben – sondern immer extrem verschoben. In tendenziell härter eingestellten Gremien liegt das Strafmaß oft höher als das höchste zuvor geforderte Maß – die Gruppe redet sich in Rage. Und weicher eingestellte Gremien verhängen am Ende niedrigere Strafen als die, die zuvor jeder Einzelne für vernünftig gehalten hatte.

Um diese Gruppenpolarisierung aufzubrechen, braucht es einen Störenfried. Das ergeben Forschungen der kalifornischen Psychologin Charlan Nemeth, die Entscheidungen von Geschworenen in Neuseeland beobachtet und bewertet hat. Nemeth beschäftigt sich seit mehr als 25 Jahren mit Querdenkern und Minderheiten und dem Einfluss, den sie auf eine Gruppe ausüben. Querdenker hält sie erst einmal für »mutige Menschen; Menschen, die an etwas glauben, die für etwas stehen. Menschen, die die Welt verändern. Das ist der Stoff, aus dem Helden gemacht werden.«

Nemeths These: Eine Gruppe kann sich glücklich schätzen, wenn sie einen Abweichler in ihren Reihen hat. Und wir tun gut daran, gerade jene zu ermuntern, deren Meinung unserer eigenen widerspricht. »Eine Gruppe, in der alle einer Meinung sind, diskutiert konvergent«, erklärt Nemeth, die Teilnehmer bestätigen sich gegenseitig. Gibt es aber ein Minderheitsvotum, öffnet sich die Diskussion. »Ein Widerspruch ist wie ein Reset-Knopf für die Diskussion. Plötzlich ist wieder alles offen.«

Ein Minderheitenvotum führt dazu, dass neue Informationen beschafft werden, um eine Sache von allen Seiten zu betrachten. Leider ist diese Erkenntnis in den meisten Unternehmen und Organisationen nicht unbedingt angekommen: »Viele Unternehmen legen heute bei neuen Bewerbern mehr Wert auf ›Teamfähigkeit‹ als auf fachliche Qualifikation.« Die Unternehmen fordern, dass Mitarbeiter die »Philosophie« verinnerlichen. Doch wahre Loyalität beweist sich im Widerspruch. »Angestellte riskieren viel, wenn sie sich gegen die Mehrheit stellen. Sich für etwas einzusetzen bedeutet eben manchmal auch, sich gegen jene zu stellen, die über die nächste Beförderung oder Gehaltserhöhung entscheiden.« Dabei sollten gerade jene mehr Geld bekommen, die es riskieren, einen Kuschelkonsens in Frage zu stellen. Denn mit einem Querdenker in der Gruppe wird kreativer, offener, und erfolgreicher diskutiert (mehr zum Thema »Dissenskultur« in Kapitel 5).

Damit Betriebe und Unternehmen, Universitäten und Vereine, aber auch die Gesellschaft als Ganzes von Querdenkern profitieren können, muss es überhaupt jemanden geben, der anderer Meinung ist. Vielfalt ist die Grundlage für Inspiration, die wiederum die Ursache für Neues und für Innovation ist. In der Biologie gilt Vielfalt als Indiz für die Widerstandsfähigkeit eines Ökosystems; Ähnliches gilt auch für Organisationen: Wer Menschen mit den unterschiedlichsten Fähigkeiten im Team hat, kann in der Krise flexibler reagieren. Eine funktionierende Dissenskultur muss daher vor allem auch Wert auf Verschiedenheit legen.

Vielfalt gehört aber nicht zu unseren natürlichen Stärken; im Gegenteil: Wir umgeben uns, im Wirtschafts- wie im Privatleben, oft mit Menschen aus der gleichen sozialen Sphäre, aus ähnlichen Lebensumständen und mit ähnlichen Ansichten. Selbst junge, dynamische Netzwerker, die sich zu einem zwanglosen Meeting treffen, »um neue Leute kennzulernen«, stehen am Ende doch wieder mit den immer gleichen Bekannten in der Ecke und reden über vertraute Themen.

Diese Neigung zu »sozialer Homophilie« – Gleich zu Gleich gesellt sich gern – schottet uns aber ab von neuen Ideen. Denn die größte Innovationskraft legen gerade jene Menschen an den Tag, die ein Netzwerk aus losen, aber sehr vielfältigen Bekannten pflegen. Kreativität entsteht eben nicht nur aus einem genialen Einfall heraus – sondern aus der Begegnung mit dem Neuen, dem Unbekannten. Mit Menschen, die unsere Expertise, die uns in Fleisch und Blut übergegangen ist, mit ehrlicher Neugier in Frage stellen – indem sie uns Fragen stellen, die wir uns selbst nicht mehr stellen. Denn Fragen sind das Hämmerchen, mit dem wir klopfend die Statik der Stützpfeiler prüfen, auf denen wir unser Weltbild errichten. Hält das Gemauerte? Oder klingt es doch ziemlich hohl?

Auf die Macht der Fragen vertraut der amerikanische Literaturagent John Brockman, der 1991 in einem Essay eine Bewegung beschrieb, die er *third culture* nannte. Brockman forderte eine neue intellektuelle Kultur. Der Dialog aller Wissenschaften soll in dieser Kultur die Forscher zwingen, ihr Spezialistenghetto zu verlassen, um die Welt aus einem anderen Blickwinkel zu betrachten: Es ist der Versuch, Querdenken als Prozess zu definieren, nicht als individuelle Gabe. Brockman hat die Dissenskultur zum Prinzip seiner Website www.edge.org erhoben, ein Diskussionsforum auf höchstem wissenschaftlichem Niveau. Es ist ein Ort, der frei ist von Gruppendruck, Expertentum und Angst vor sozialer Isolation und wo sich die klügsten Köpfe auf die Suche begeben nach den letzten Fragen der Menschheit.

Sollte das elitär klingen, ist das durchaus gewollt. »Es ist nicht leicht, einen genialen Gedanken zu haben. Manche haben einen einzigen in ihrem Leben. Die meisten haben nie einen«, sagt Brockman. Die Stärke der dritten Kultur, glaubt er, liegt darin, dass sie den Streit darüber aushält, welche Ideen ernst zu nehmen sind. Ihre Tugend ist die Aufgeschlossenheit gegenüber allem Neuen (mehr zur Macht der Fragen in Kapitel 6).

Aber muss man wirklich alles fragen? Manche Fragen sind schwer auszuhalten, sie rühren an Tabus. Wird Homosexualität durch eine Infektionskrankheit ausgelöst? Haben schwarze Männer einen höheren Testosteronspiegel als weiße? »Gefährliche Ideen« nannte der Psychologe Steven Pinker diese Fragen, mit denen er 2006 das Jahrbuch des Edge-Debattierclubs eröffnete – »gefährlich nicht, weil sie falsch sind, sondern weil sie wahr sein könnten«. Pinker verteidigt die Rechte des Häretikers. »Wenn eine Idee wirklich falsch ist, muss man sie ans Licht bringen, um das zu erkennen.« Deswegen sind Fragen die wichtigste Waffe des Querdenkers: Sie legen die Löcher im Fundament eines Denkgebäudes frei.

So wie Gerta Keller nicht aufhört zu fragen: Wenn ein Meteorit die Dinosaurier ausgerottet hat – wie kann es dann sein, dass die Stoffe aus diesem Meteoritenkrater in Erdschichten abgelagert sind, die Hunderttausende Jahre auseinanderliegen?

Es ist eine Frage, die Kellers urmenschlichem Trieb entspringt: der Neugier. »Ich will einfach wissen, wie es wirklich war«, antwortet die Geologin auf die Frage, warum sie nicht lockerlässt. »Außerdem bin ich ein Dickschädel. Ich stamme aus den Schweizer Bergen. Streitbares Volk!« Sie lacht. Früher hat sie der Konflikt belastet; heute wirkt sie federleicht.

Was macht Menschen zu Querdenkern? Die Psychologin Charlan Nemeth hat über drei Jahre hinweg Nobelpreisträger für Physik und Chemie beobachtet und interviewt, um dem Geheimnis ihrer Genialität auf die Spur zu kommen. »Eine große Unabhängigkeit« macht sie als herausragendes Charaktermerkmal aller aus: »Sie wussten schon als Kind, dass Lehrer sich irren können. Sie gehen ihren Weg, und es ist ihnen egal, dass die Mehrheit glaubt, sie würden ihre Zeit verschwenden.«

Der wichtigste Wesenszug aber ist die Lust, hinter die Dinge zu schauen. »Neugier kann ein phänomenaler Quell des Glücks sein«, glaubt Charlan Nemeth, »weil sie unsere Welt immer ein Stück größer werden lässt.«

Ähnlich hat dies Albert Einstein formuliert. Er habe, sagte der geniale Physiker nonchalant, eigentlich »keine besondere Begabung«, bis auf eine: »Ich bin leidenschaftlich neugierig.« Der Urquell aller technischen Errungenschaften, sagte Einstein, »ist die göttliche Neugier, und der Spieltrieb des bastelnden und grübelnden Forschers und nicht minder die konstruktive Fantasie des technischen Erfinders« (mehr zum Thema Neugier in Kapitel 7).

Die vielleicht wichtigste Aufgabe der Neugier, anarchische Tugend der Kinder, ist, dass sie uns wegführt aus dem Bekannten. Sie verlockt uns, neues Terrain zu erkunden. Sie verleitet uns, alles noch einmal in Frage zu stellen, sie führt uns ins Unbekannte. Sie verleitet zur *serendipity*, jener ziellosen Schatzsuche, die niemals dorthin führt, wohin wir zu gehen glauben – doch auf deren Weg zahllose Entdeckungen auf uns warten. *Serendipity* und Neugier sind pure Anarchie, das Gegenteil eines geordneten Lebens, das Gegenteil von Planbarkeit und Perfektion (mehr zu *serendipity* und Kreativität in Kapitel 8).

Neugier und *serendipity* verlangen von uns den Mut, den sicheren Boden der eigenen Weltgewissheit aufzugeben und sich einem schwankenden Schiff anzuvertrauen, ohne zu wissen, wohin der Wind es treiben wird. Neugier ließ Christoph Kolumbus über den Atlantik segeln.

Sind wir zum Querdenken geboren? Letztlich verbirgt sich dahinter die Frage, was wir suchen im Leben: Wollen wir irgendwann ankommen, wollen wir Ruhe, einen sicheren Ort im Warmen, um unsere Tage zu verleben? Wollen wir endlich klare Antworten, Expertise, ein Ende der Ungewissheit? Oder geben wir uns der Neugier hin, jenem Entdeckergeist, den alle in sich tragen, aber nur wenige sich trauen auszuleben?

Vielleicht ist es das, was Querdenker auszeichnet: Sie sind mutig genug, ihrer eigenen Neugier zu folgen.

1. Hirnforscher

WARUM WIR UNS VON UNSEREN AUGEN HINTERS LICHT FÜHREN LASSEN

Es wird Wissenschaftsgeschichte geschrieben im Swarthmore College im Jahr 1953, mit einem simplen Experiment, das einen dunklen Schatten auf das Bild des Menschen wirft. Einen Schatten auf unser Selbstbild, auf die Frage, wie frei wir sind.

Sieben junge Männer sitzen um einen Tisch herum; der Professor betritt den Raum. Er spricht in einem auffällig osteuropäischen Akzent, sein Name ist Solomon Asch. Er hat weiße Tafeln mitgebracht, auf denen Striche unterschiedlicher Längen aufgemalt sind. Asch erklärt den Studenten, er werde nun einen einfachen Sehtest mit ihnen vornehmen. Die Studenten sollen nacheinander sagen, welche zwei der vier Linien auf den Tafeln die jeweils gleiche Länge haben.

Der Test ist lachhaft simpel. 99 Prozent aller Probanden lösen ihn fehlerfrei, wenn sie allein sind. Doch es geht dem Professor nicht wirklich darum, die Sehfähigkeit der jungen Männer zu testen. In Wahrheit sind sechs der sieben Studenten Schauspieler, die mit dem Professor kollaborieren; nur ein einziger ist die Testperson. Solomon Asch ist Sozialpsychologe, und er will herausfinden, ob sich der Proband von seiner Meinung abbringen lässt, wenn er mit dieser Meinung allein steht.

Professor Asch deutet auf die Tafel und fragt einzeln die Antworten ab. Erst einmal soll der Proband in Sicherheit gewiegt werden, deswegen antworten in den ersten beiden Runden alle

Teilnehmer korrekt. In der dritten Runde gibt der erste der Schauspieler eine offensichtlich falsche Antwort, die vom nächsten bestätigt wird, und vom übernächsten. Als der Proband an der Reihe ist – er sitzt auf dem vorletzten der sieben Plätze –, behauptet er seinen Standpunkt.

Er ist stolz und allenfalls etwas belustigt: Haben die anderen etwa Tomaten auf den Augen?

Doch in der nächsten Runde steht er wiederum mit seiner Meinung allein. Er beginnt unsicher zu werden. Schaut fragend in die Runde und blickt in gelangweilte Gesichter. Die Gruppe hat den Auftrag, das Experiment freundlich, aber unbeirrbar durchzuziehen. Das macht den Probanden nervös. Er rutscht auf seinem Stuhl umher, wird dann still. In der fünften Runde knickt er ein. Er schließt sich der Mehrheit an.

123 Probanden testet Asch, immer wieder beobachtet er diesen Ablauf. Bei einem Test, den ein fünfjähriges Kind fehlerfrei lösen könnte, ist plötzlich jede dritte Antwort der Probanden falsch. Obwohl die Gruppe angewiesen ist, keinen Druck auf den Probanden auszuüben, knicken die Testpersonen reihenweise ein.

Was bewegt die Menschen, wissentlich falsche Antworten zu geben? Am Ende des Experiments nimmt Asch die Probanden in die Mangel, um genau dies zu erfahren. Ihre Antworten zeugen von der Dynamik, der sie sich in der Gruppe ausgesetzt sahen. »Ich wollte die Testreihe nicht stören«, sagt einer. Manche Aussagen geben Einblick in einen inneren Konflikt, den die Versuchspersonen auszustehen hatten: »Ich musste annehmen, dass ich mich irrte, obwohl es unmöglich erschien. Ich war verwirrt wie noch nie in meinem Leben.« Manche versuchen, sogar diesen inneren Konflikt vor der Gruppe zu verbergen. Statt sich wenigstens verwundert die Augen zu reiben, geben sie eilfertig dieselbe falsche Antwort wie ihre Vorredner. Das Experiment nimmt für sie existenzielle Züge an. Nur nicht auffallen, nur nicht ausgeschlossen werden aus der Gruppe: »Ich wollte nicht wie ein Idiot aussehen.«

Einer gibt gar zu Protokoll, er hätte sich nach dem Gruppenvotum die Striche noch einmal genauer angeschaut, und siehe da: Die Gruppe hatte recht. Als der Versuchsleiter ihm am Ende sagt, er habe seine Meinung offenbar unter dem Druck der Gruppe geändert, weist er dies empört zurück: Er hat nur zu Protokoll gegeben, was er tatsächlich gesehen hat. Asch notiert: »Ich habe den Eindruck, dass der Proband die Wahrheit sagt. Oder jedenfalls das, von dem er glaubt, dass es die Wahrheit ist.« Asch ahnt, was Hirnforscher Jahrzehnte später beweisen können: dass der Gruppendruck die Wahrnehmung verfälschen kann, ohne dass wir dies merken.

Für Solomon Asch, einen osteuropäischen Juden aus Warschau, ist das Ergebnis verheerend. Er hat das Experiment in einem historischen Umfeld entwickelt, in der die Sozialpsychologie vor einer schwierigen Aufgabe steht: Sie will erklären, wie es dazu kommen konnte, dass Millionen Deutsche Adolf Hitler so gefolgt waren. Asch war nicht der Erste, der den Einfluss einer starken Gruppe auf den Einzelnen erforschte, doch seine Vorgänger hatten weichere Fragestellungen: Etwa, ob wir uns darin beeinflussen lassen, ob wir jemanden schön finden. Aschs Experiment dagegen war elegant, schlicht und brutal in seiner Klarheit. Seine Probanden beugten sich der Mehrheit, obwohl sie unzweifelhaft wissen mussten, dass diese falsch lag. Und dies, ohne dass die Mehrheit sie unter Druck gesetzt hätte.

Sind wir zum Schaf geboren? Asch war sich bewusst, welche weit reichende Bedeutung sein Experiment hatte. Es fiel ihm schwer zu konstatieren, dass die menschliche Neigung zur Konformität offenbar so stark ist, dass intelligente und wohlmeinende junge Menschen ohne Not »jene Macht aufgeben, ohne die ein denkendes und fühlendes Wesen nicht bestehen kann« – die Macht der freien Entscheidung. Auf das Recht, seine Meinung frei und ohne Angst zu äußern, gründet sich die Idee der westlichen Demokratien; es wurde von mutigen Menschen erkämpft. Und doch sind wir bereit, dieses Recht zu verraten, nur um nicht allein mit unserer Meinung zu stehen.

Das gilt jedoch nicht für alle Menschen gleichermaßen. Denn das Experiment von Solomon Asch gibt durchaus auch Anlass zur Hoffnung: Einige Probanden widerstehen dem Gruppendruck souverän, lassen sich auch von einer insistierenden Mehrheit nicht beirren. Es sind Ausnahmen, doch sie geben wichtige Hinweise darauf, worin sich Querdenker von anderen unterscheiden. Ihre Einlassungen nach dem Experiment zeigen aber auch, wie schwer es selbst ihnen fällt, sich gegen die Gruppe zu stellen.

Etwa ein Viertel aller Studenten gehört in diese Gruppe der Beharrlichen, die in den Tests stets auf ihrer eigenen Meinung bestehen. Selbstbewusstsein scheint dabei eine wichtige Rolle zu spielen: Oft geben die Standhaften zu Protokoll, mit der Sehkraft der *anderen* sei offenbar etwas nicht in Ordnung. Die weniger Standhaften neigen dagegen eher dazu, an ihrer *eigenen* Wahrnehmung zu zweifeln. Manche wiederum widerstehen der Gruppe, aber ohne Stärke zu vermitteln, im Gegenteil: Sie halten dem Druck nur stand, weil sie sich der Anordnung, korrekt zu antworten, blind verpflichtet fühlen. Es sind die Obrigkeitsgläubigen: Sich der Autorität des Versuchsleiters unterzuordnen ist ihnen noch wichtiger als die Gruppe.

Am meisten faszinieren Asch aber jene, die ihre Unabhängigkeit aus innerer Überzeugung bewahren: »Sie vermitteln den Eindruck, unerschütterlich zu sein. Oft blicken sie den Versuchsleiter direkt an, wenn sie ihre Antwort geben. Sie lehnen sich in ihrem Stuhl zurück, wie um zu sagen: ›Mich bewegt hier niemand weg.‹«

Die Unabhängigen sind nicht etwa unsensibel für den Gruppendruck, im Gegenteil. Einer der Unabhängigen behauptet sich zwar auch noch in der Diskussion, die sich dem Experiment anschließt. Er besteht darauf, dass seine Antworten richtig und die der Gruppe falsch waren. Doch macht er nun, in der Diskussion, einen »tief verstörten Eindruck«, notiert Asch: »Es scheint so, dass sein Selbstvertrauen nur dazu führt, seinen inneren Konflikt noch zu verstärken.« Am Ende des Experiments fragt er den Versuchsleiter: »Ist irgendetwas mit mir nicht in Ordnung?« Als er aufgeklärt wird, ist er zutiefst erleichtert.

Querdenker brauchen, da sie oft allein stehen, offenbar einen starken Verbündeten: ihr eigenes Selbstvertrauen und die Kraft, auch einen inneren Konflikt auszuhalten.

Mehr als ein halbes Jahrhundert ist vergangen, seit Solomon Asch die Studenten am Swarthmore College in Pennsylvania zu diesem Strichetest gebeten hat. Sein Experiment ist als Klassiker der Sozialpsychologie in die Fachliteratur eingegangen; Aschs Versuch hat das Feld über Jahrzehnte geprägt. Der große Erfolg ließ den »Sehtest« bis heute zu einer endlosen Testreihe werden.

Wir nehmen heute wie selbstverständlich an, dass der Druck der Masse in den 1950er-Jahren viel stärker empfunden wurde als im 21. Jahrhundert. Wird das Experiment in heutiger Zeit wiederholt, sitzen nicht mehr, wie ursprünglich, nur Männer um den Tisch; auch tragen nicht alle Anzug und Krawatte oder stammen mehr oder weniger alle aus derselben Schicht. Signifikant verändert haben sich über die Jahre Frisur und Mode, nicht aber das Ergebnis: Obwohl wir Indiviualität und Unabhängigkeit heute scheinbar weit mehr schätzen als noch vor 50 Jahren, erreicht das Experiment immer wieder ähnliche Werte wie zu Aschs Zeiten. Egal ob in Japan oder Deutschland, ob unter Arbeitern oder Studenten: Erst schmunzeln die Probanden über die falsche Antwort der anderen, dann wundern sie sich. Danach werden sie nervös, und schließlich knicken sie ein.

Offensichtlich handelt es sich beim Gruppendruck, dem wir uns so bereitwillig beugen, nicht um ein kulturelles Phänomen. Das Bedürfnis, aus der Gemeinschaft nicht herauszustechen, und die Bereitschaft, dafür auch unsere Freiheit als Individuum zu opfern, sind tief in unserem Gehirn verankert, in Regionen, die sich der Kontrolle unseres freien Willens entziehen. Das zeigen Forschungen des amerikanischen Neurowissenschaftlers Gregory Berns.

Gregory Berns – 47 Jahre alt, wache graugrüne Augen, rotblonde Haare – lehrt an der Emory University in Atlanta. Sein Labor für Hirnforschung ist in einem Flügel des angeschlossenen Hospitals untergebracht. Er leitet an der Universität das »Center for Neuropolicy«, hält eine doppelte Professur für Wirtschaftswissenschaften und Neuroökonomie und spielt Gitarre in einer Rock'n'Roll-Band. Zufriedenheit, sagt er, lässt sich nur erreichen, »wenn wir etwas unternehmen – unsere Gehirne sind dazu entwickelt, mit der Welt zu interagieren«. Er hält es für befriedigender, einen Ultramarathon zu laufen als im Lotto zu gewinnen. Die Atmosphäre in seinem Labor ist typisch für eine amerikanische Forschungseinrichtung: In seinem jungen Laborteam ist er nicht sofort als Chef auszumachen.

Berns Forschung dreht sich oft um die Frage, wie Menschen Entscheidungen treffen, und vor allem: welche Rolle der Einfluss anderer Menschen dabei spielt. »Auch Entscheidungen, die wir für unsere eigenen halten, fällen wir oft nicht allein«, sagt er. »In Wahrheit organisieren wir unser Leben zu großen Teilen in einem unausgesprochenen Dialog mit unserer Umgebung und der Gesellschaft.« Menschen, die es schaffen, gegen diesen unbewussten Gruppendruck ihre Unabhängigkeit zu bewahren, nennt er »Ikonoklasten«, Bilderstürmer. Denn wer Neues erschafft, zerstört mit diesem Akt der Schöpfung nicht selten etwas Bestehendes, sagt Berns. Auch deswegen fürchten Querdenker häufig, als Bedrohung wahrgenommen zu werden.

Seine Experimente entwirft Berns im Team, etwa ein Experiment, das Menschen verleiten soll, ihre innersten Überzeugungen zu verraten. Was bringt Menschen dazu, von einem Glauben abzufallen, den sie zuvor vehement verteidigt haben? Ist sozialer Druck stärker oder gelingt es, ihnen die Integrität einfach mit Geld abzukaufen? Monatelang feilt das Team am Versuchsaufbau, entspinnt sich die Diskussion in einem fensterlosen Raum zu lebendigen, manchmal witzigen, manchmal verzeifelten Girlanden. Berns, der das kreative Potenzial der Gruppendynamik nutzen, Gruppendruck aber vermeiden will, greift nur hin und wieder lenkend ein. »Das Experiment nützt nichts, wenn es uns nicht gelingt, am Ende daraus eine Theorie abzuleiten«, mahnt er.

Am Ende der dreistündigen Teamsitzung, wieder in seinem Büro, legt Berns den Kopf in die Hände, massiert kurz die Schläfen. »So betreiben wir Forschung«, sagt er, »in immer neuen Diskussionen und Auseinandersetzungen. Für das Gehirn ist das enorm anstrengend: Dissens auszuhalten.« Anstrengung ist aber etwas, das unser Denkorgan unter allen Umständen versucht zu vermeiden, erklärt der Hirnforscher: »Unser Gehirn ist ein überaus träges Stück Fleisch.«

In Wahrheit wäre die Glühbirne in unserem Kopf, die bis zu 20 Prozent unseres körpereigenen Brennstoffs verbraucht, am liebsten eine Energiesparlampe. Was wir ihm auch immer abverlangen, versucht das Gehirn mit so wenig Energie wie möglich zu bewältigen. Und wann immer sich die Gelegenheit bietet, schaltet der Computer im Kopf auf Ruhezustand. So hat Gregory Berns Gehirne von Menschen untersucht, die sich gerade von einem Experten beraten lassen, und festgestellt, dass ihre eigene Urteilskraft dabei komplett ruht. Statt den Rat des Experten zu analysieren und abzuwägen, statt seine Erkenntnisse einer gründlichen Prüfung zu unterziehen und mit unseren eigenen Erfahrungen abzugleichen, lassen wir uns von seiner vermeintlichen Weisheit einlullen. Genau deswegen haben wir den Experten ja aufgesucht: um uns die anstrengende eigene Denkarbeit zu ersparen. »Es ist, als ob wir das selbstständige Denken einfach abschalten«, erläutert Berns, selbst erstaunt über die Ergebnisse. Dabei haben wir keinen Grund, dem Rat der Experten zu trauen (dazu mehr in Kapitel 4 dieses Buches).

Seine Erkenntnisse bezieht Gregory Berns aus Aufnahmen seiner Probanden im Magnetresonanztomographen. Für das untrainierte Auge erscheint das Gehirn auf dem Monitor des Tomographen als eine graue, pilzförmige Gewitterwolke, über die wahllos bunte Blitze zucken. Für den Hirnforscher gleicht das Bild eher dem nächtlichen Blick aus dem Flugzeugfenster auf ein aufregendes, aber weitgehend unbekanntes Land. Nur so viel ist zu sehen: Dort, wo Licht brennt, wird offenbar auf Hochtouren gearbeitet.

»Bilder aus dem Computertomographen geben keine fertigen Antworten«, warnt Berns zu Beginn des Gesprächs. »Sie messen nur die Aktivität in den jeweiligen Hirnregionen. Sie lassen Spielraum für Interpretation.« Mit Hilfe der Hirnaktivitätsmessung versuchen Neurowissenschaftler, tief ins menschliche Unterbewusstsein vorzustoßen. Es ist der Versuch, aus der Gewitterwolke auf dem Schirm jene Gedanken zu lesen, die das Gehirn vor uns selbst verbirgt.

Die Bilder aus der Geisteswelt sind roh und unscharf; dennoch ist es Gregory Berns gelungen, das Experiment des Solomon Asch damit um einige erstaunliche Erkenntnisse zu erweitern. Die meisten Sozialpsychologen haben aus dem Experiment den Schluss gezogen, dass die Probanden bewusst die Entscheidung trafen, dem Druck der Masse nachzugeben. Ihnen fehlte es offenbar an Rückgrat, zu ihrer eigenen Meinung zu stehen. Dabei gab es von Anfang an Hinweise darauf, dass manche Probanden gar nicht in der Lage waren, ihren Fehler zu erkennen. Etwa jener, über den Asch geschrieben hatte, dass er offenbar selbst glaube, die Wahrheit zu sagen.

Gregory Berns nahm sich genau dieses Detail vor. Er richtete dafür sein Augenmerk auf zwei Regionen des Gehirns: den Scheitellappen, also den hinteren Teil der Großhirnrinde, der etwa dort beginnt, wo die Rundung des Schädeldoms nach hinten abzufallen beginnt, und den Stirnlappen, der den vorderen Teil des Gehirns bildet. Auf der Landkarte der Hirnforscher ist der Scheitellappen für die Wahrnehmung zuständig, der Stirnlappen für die Entscheidungsfindung.

Die Daten aus dem Magnetresonanztomographen ergaben ein verwirrendes Bild. »Man sollte nicht annehmen, dass Konformität ein visueller Prozess ist, doch das ist genau das, was wir herausgefunden haben«, erklärt Berns. Bei manchen Probanden, die sich dem Votum der Gruppe beugten, entdeckte Berns auffällig starke Aktivität im Sehzentrum, aber wenig Betrieb im Frontallappen. Sich der Gruppe unterzuordnen war für diese Probanden keine eigene Entscheidung – sie war eine Folge dessen, was sie sahen. »Das Bild, das die Gruppe vermittelt hatte, war so stark, dass es das Bild verdrängte, das die Augen ins Sehzentrum geliefert hatten«, erklärt Berns.

Wie kann das sein? Wie können wir unseren Augen noch trauen, wenn unser eigenes Gehirn uns eine Realität vorspiegelt, die gar nicht existiert?

»Wahrnehmung ist ein komplexer Prozess«, erklärt Gregory Berns. Was wir sehen, beginnt mit Photonen, die auf die Netzhaut treffen. Dort werden sie, wie in einer Videokamera, in elektrische Signale übersetzt, die auf Nervenbahnen ins Sehzentrum gelangen. Doch hier endet bereits die Analogie mit der Videokamera. Das menschliche Sehen ist eine außerordentliche Leistung, die jede künstliche Intelligenz überfordern würde. Eine Fähigkeit, die wir auch deswegen komplett unterschätzen, weil wir unser Gehirn dafür scheinbar gar nicht anstrengen müssen. Tatsächlich aber sortiert unser Gehirn die Bilder, die das Auge liefert, sofort und ordnet sie ein. Augenblicklich geben wir dem, was wir sehen, einen Sinn: Wir eignen uns die Welt vor unseren Augen an.

Um zu erfassen, wie komplex diese Aufgabe ist, genügt es, einfach auf eine belebte Straße zu treten. Nehmen wir jeden Tag den gleichen Weg zur Arbeit, macht sich unser Gehirn nicht die Mühe, die vielen mehrdimensionalen Eindrücke allesamt neu zu verarbeiten. Stattdessen liefert es uns Bilder, die zum Teil aus gespeichertem Material bestehen, auf das es müheloser zugreifen kann. Was wir »sehen«, ist nicht ein Abziehbild der augenblicklichen Realität, sondern ein komplexer Datensalat aus frischen Eindrücken und alten Erinnerungen.

Sobald wir aber versuchen, den Bilderstrom in seinen Details wahrzunehmen, wird klar, dass die Information, die über die Nervenbahnen ins Sehzentrum gelangt, in Wahrheit sehr vielfältg, aber auch sehr unscharf ist. Die Objekte auf der Straße überlagern sich gegenseitig, bewegen sich, werfen Schatten. Manche sind nur für Sekundenbruchteile zu sehen – ein Fahrradfahrer, der zwischen zwei Autos durchfährt –, und trotzdem können wir nicht nur das gesamte Bild, sondern auch Details erfassen. Störungen fallen sofort ins Auge, etwa der hellgrüne Schal des Mannes auf dem Fahrrad, oder das Baugerüst, das gestern noch nicht an dieser Stelle stand. Und sogar wenn wir bei unserem Spaziergang mit Kopfhörer Musik hören und zugleich ein elementares Problem unserer Paarbeziehung, unserer Arbeit oder der existenzialistischen Philosophie zu lösen versuchen, sind wir sehend genug, Wichtiges von Unwichtigem zu trennen – die grüne Ampel von der roten – und die Frage zu beantworten, ob die Person, die uns gerade entgegenkommt, ein Bekannter, ein Wildfremder oder womöglich sogar eine Bedrohung ist.

Wie schafft unser Gehirn das? Unter Hirnforschern und Psychologen tobt seit langem ein Streit über die Frage, wie wir jeden Sinneseindruck mit einem Katalog gespeicherter Eindrücke abgleichen und wie weit wir unsere Realität nach dem Prinzip der Mustererkennung aus Grundbausteinen konstruieren, so wie die Natur komplexe Moleküle aus den immer gleichen Elementen zusammensetzt. Licht in dieses Dunkel soll die Erforschung von Menschen bringen, die unter Agnosie leiden, einer vielgestaltigen Sehstörung, die zu bizarren Wahrnehmungen führen kann. Einige davon hat der britische Hirnforscher Oliver Sacks 1985 in seinem Buch »Der Mann, der seine Frau mit einem Hut verwechselte« beschrieben. Manche Agnosie-Patienten sind unfähig, den Bilderstrom zu verarbeiten, sie können immer nur ein einzelnes Objekt auf einmal wahrnehmen – auf einem gedeckten Tisch etwa nur einen Löffel. Oder sie sehen Objekte immer nur als Summe seiner Details, nie aber als Ganzes.

Wahrnehmungsstörungen können die Betroffenen stärker beeinträchtigen als eine totale Blindheit: Sie berauben sie der Fähigkeit, das Bild vor ihren Augen zu sortieren und einzuordnen, ihm und damit der Welt einen Sinn zu verleihen. »Agnosien bedeuten einen Zusammenbruch in der Einheit des Bewusstseins«, sagt Rocco Gennaro, Philosoph und Bewusstseinsforscher an der Universität von Southern Indiana in Evansville. »Sie führt zur Unfähigkeit, das zusammenhängende Ganze zu sehen.«

Bemerkenswert an den Agnosien ist, wie sehr sie sich teilweise im Unbewussten abspielen. Das zeigt sich etwa bei der Forschung an gesichtsblinden Menschen, die eigentlich unfähig sind, ihnen bekannte Gesichter zu erkennen und zu benennen. Werden sie aber gebeten, auf Fotos gleiche Gesichter paarweise zuzuordnen, fällt ihnen das bei bekannten Gesichtern leichter – ein Hinweis darauf, dass sie unbewusst sehr wohl zwischen bekannt und unbekannt unterscheiden können. Ein großer Teil unserer Wahrnehmung geschieht offenbar im Unbewussten.

Aber warum sollte uns unser eigenes Gehirn hinters Licht führen – nur um uns die vergleichsweise harmlose Peinlichkeit zu ersparen, mit unserer Meinung allein zu stehen? Offenbar muss es dafür einen triftigen Grund geben, denn wir tun es ständig. Das behauptet jedenfalls der niederländische Hirnforscher Vasily Klucharev: »Wir ändern sehr oft unsere Entscheidungen und Urteile, um mit dem allgemeinen Gruppen-Verhalten übereinzustimmen.« Klucharev legte Probanden am Donders Institute for Brain, Cognition and Behaviour in Nijmwegen Fotos von 222 Gesichtern vor und bat sie, deren Attraktivität zu bewerten. Auch hier dasselbe Bild wie bei Solomon Asch Jahrzehnte zuvor: Mit leichter Hand änderten die Probanden ihre Meinung, nur um sich der Mehrheit anzuschließen. Hinterher waren sie dennoch sicher, stets ihren ureigenen Standpunkt vertreten zu haben: Wieder hatte der Gruppendruck die Meinung manipuliert.

Die Biegsamkeit unseres Willens im Unbewussten zeigt, welche Prioritäten wir bei der Abwägung zwischen Kuschelkonsens und freiem Willen setzen. Das lässt sich aus den Daten schließen, die Vasily Klucharev bei seinen Probanden aus dem Magnetresonanztomographen auslesen konnte. Unser Gehirn stellt auf doppelte Weise sicher, dass wir nicht aus der Reihe tanzen. Lag die eigene Meinung der Probanden im Widerspruch zur Gruppenmeinung, signalisierte eine Region im Stirnlappen den Betreffenden, dass sie einen Fehler gemacht hatten. Lagen sie auf Linie mit der Gruppe, signalisierte Aktivität in einer Region des neuronalen Belohnungssystems Zufriedenheit. Unser Gehirn interpretiert Ausbrechen aus der sozialen Bezugsgruppe – wie lose diese auch immer definiert sein mag – nicht etwa als gangbare Option, sondern als schwerwiegenden Irrtum. Diese »neuronale Fehlerkontrolle« soll uns offenbar »vor dem fundamentalsten sozialen Fehler bewahren – dem Fehler, sich zu sehr von anderen zu unterscheiden«, erklärt Klucharev.

Ein Lob der Uniformität: Auch wenn wir das Recht auf Individualität hochzuhalten glauben, so gibt uns das Unterbewusstsein andere Prioritäten vor. Die Gruppe vermittelt Geborgenheit, und wenn wir diese Geborgenheit in Gefahr bringen, signalisiert das Unterbewusstsein Gefahr.

Auch Klucharevs amerikanischer Kollege Gregory Berns findet für diese These eine Bestätigung. Er legte Probanden in einer Abwandlung des Asch-Experiments unter den Magnetresonanztomographen, um zu verstehen, was genau in diesen entscheidenden Momenten der Meinungsbildung im Gehirn passiert. Auf den Tomographie-Aufnahmen jener Probanden, die sich dem sozialen Druck widersetzen und dafür in Kauf nehmen, allein gegen die Gruppe zu stehen, entdeckte Berns hektische Aktivität tief im Innern des Gehirns, dem sogenannten Mandelkern im zentralen

Nervensystem. Der Mandelkern hat die Aufgabe, Gefahren zu erkennen und zu bewerten; er setzt den Körper in Alarmbereitschaft. Es ist ein Gebiet, dem in der Aufgabenteilung des Gehirns überlebenswichtige Funktionen zugeschrieben sind und das deswegen der Kontrolle durch unser Bewusstsein entzogen ist. Ein flackerndes Neuronenfeuer im Mandelkern, wie es Gregory Berns bei den Asch-Probanden beobachtet, lässt den Blutdruck steigen und das Herz rasen. Die Hände werden schweißfeucht, der Atem flach. Es ist die Sekunde, bevor das Gehirn sich entscheidet: Flucht oder Kampf. Es ist ein Stress, den unser Gehirn unbedingt versucht zu vermeiden: »Deswegen hat es bei vielen Probanden die Wahrnehmung einfach angepasst.«

Die Stressreaktion, die das Alleinstehen im Experiment auslöst, überrascht Berns nicht: »Die Angst vor sozialer Isolation ist tief in unserem Gehirn verwoben.« Die Ursache dafür sieht der Hirnforscher in der menschlichen Evolution. Primaten, Hominiden, frühe Menschen, alle waren für ihr Überleben von der Gruppe abhängig. Was wir im Bewussten als Freizeitbeschäftigung wahrnehmen mögen – Kommunikation, die Pflege sozialer Kontakte –, gehört für das Gehirn zu den lebenswichtigen Aufgaben. Unser soziales Umfeld ist uns so wichtig, dass wir Informationen aus diesem Umfeld jederzeit in unsere eigene Wahrnehmung einfließen lassen. »Oft übertrumpft die Meinung der Gruppe unsere eigene Meinung, noch bevor wir uns dessen bewusst werden«, sagt Berns. Gedanken und Gefühle, die wir als unsere ureigenen betrachten, kommen so in Wahrheit nicht selten von anderen Menschen.

Die Forschungen von Solomon Asch und Gregory Berns werfen grundsätzliche Fragen über unser Selbstbild und unser Zusammenleben auf. »Die demokratischen Institutionen, die in den vergangenen 200 Jahren errichtet wurden, gründen auf der Idee der Selbstbestimmung«, mahnt Berns, der seine wissenschaftliche Veröffentlichung des Experiments mit einem Zitat des Aufklärers Jean-Jacques Rousseau von 1762 überschreibt: »Der Mensch ist frei geboren, doch überall liegt er in Ketten.« Rousseau gilt als einer der geistigen Wegbereiter der französischen Revolution.

Stellen die Erkenntnisse von Asch und Berns die Freiheit des Individuums in Frage? Wenn unser Wunsch, zur Gruppe zu gehören, so stark ist, dass uns schon der Gedanke in Alarmbereitschaft versetzt, wir könnten ausgesondert werden; wenn wir offenbar zum Herdentier geboren sind, das am liebsten nicht ausbricht – wie kann eine Demokratie funktionieren, die auf einer Balance zwischen Mehrheit und Minderheit basiert? Eine Demokratie, die um des Fortschritts willen darauf angewiesen ist, dass die Meinung der Mehrheit nicht unveränderbar oder »alternativlos« ist, die vom Diskurs lebt und damit vom Dissens – jenem Dissens, für den unser Gehirn uns so unnachgiebig zu bestrafen scheint?

Asch war beunruhigt über seine Forschungsergebnisse, aber er wollte es darauf nicht beruhen lassen. Er führte seine Versuchsreihe fort und veränderte den Aufbau leicht: Er ließ seine Probanden nicht mehr allein stehen, sondern gab ihnen einen Mitstreiter, einen aus der Gruppe der Schauspieler, der nun angewiesen war, die richtige Antwort zu geben. Die Rate derer, die einfach blind der Gruppe folgten, sank damit dramatisch. Es genügt offenbar, auch nur einen Verbündeten zu finden, um das Diktat der Mehrheit zu brechen.

Für Querdenker sind das Asch-Experiment und seine Analyse durch die Hirnforschung von tiefgreifender Bedeutung. Wir tun offenbar gut daran, unsere eigene Wahrnehmung zu hinterfragen. Auch wenn wir es nicht wahrhaben wollen: Wir lassen uns viel mehr von der Meinung anderer beeinflussen, als es uns lieb sein kann. Selbst wenn wir glauben, für unseren Standpunkt einzustehen, hängen wir unser Fähnchen oft genug nach dem Wind. Manchmal ist das sinnvoll: Wir sind soziale Wesen, die auf den Rückhalt und die Unterstützung anderer angewiesen sind, um ihre Ziele zu erreichen.

Doch wenn wir einen Standpunkt vertreten, der quer zum Konsens steht, wird uns diese Neigung zum Verhängnis. Die Angst vor sozialer Isolation gehört zu den Urängsten, die tief im Innern unseres Gehirns verankert ist. Wer quer denkt, muss bereit und mutig genug sein, dieser Angst entgegenzutreten. Und diese Angst ist durchaus berechtigt: Die Gruppe gibt nicht nur Geborgenheit, sie koppelt an diese Geborgenheit auch eine Drohung. Wer ausschert aus der Herde, steht nicht nur allein: Oft genug wird er von der Gruppe für seine Unabhängigkeit verachtet, für seine Freiheit bekämpft. Das zeigt die Geschichte von Querdenkern, die es gewagt haben, eine ganze Fachdisziplin mit ihren Ideen herauszufordern. Wache, frohe, kreative Geister wie der Universalforscher Thomas Gold etwa, von dem in Kapitel 2 die Rede ist.

2. Einsame Helden

WARUM WIR QUERDENKER SO OFT AUSGRENZEN

Ein Loch wird gebohrt, ein tiefes Loch, ein teures Loch, in einer abgelegenen Gegend in Schweden. Am 1. Juli 1986 senkt sich der Bohrer nahe dem Siljansee in die Erde, die Gegend ist bekannt für ihr Knäckebrot. Im Sommer bleibt es hier bis tief in die Nacht hell, dann schwirren Mückenschwärme über dem See. Langsam schraubt sich der Bohrer in die Tiefe, monatelang, mehr als ein Jahr lang. Ungeduldig verfolgen die Wissenschaftler den Fortgang. Geduldig frisst sich der Bohrkopf durch schwedischen Granit. Man kommt nur langsam voran.

Der Bohrer soll irgendwann auf Öl stoßen, auf sehr viel Öl, auf ein Feld von arabischen Dimensionen. Darauf hofft Vattenfall, der schwedische Energiekonzern, der die Bohrung bezahlt. Doch es geht bei diesem Loch im schwedischen Granit nur am Rande um Geld. In Wahrheit geht es um große Fragen und um die künftige Verteilung von Macht auf der Welt. Es geht um die Zukunft der Menschheit und ihre Vergangenheit, um die Frage, wie wir leben werden und woher wir kommen. Genauer: um den Ursprung des Lebens auf unserem Planeten.

Vor allem geht es aber um die eine Frage: Wer hat recht?

Das Loch in Schweden ist ein Experiment, und es wird überhaupt nur gebohrt, weil ein Mann nicht nachgeben will. Er behauptet, dass alles, was wir über den Ursprung von Erdöl zu wissen glauben, falsch sei. Das will er hier am Siljansee beweisen. Deswegen hat er der schwedischen Regierung von einem »neuen Kuweit, mitten in Schweden« erzählt; bescheiden war er nie. Er steht allein, doch er wagt es, die Weltelite der Petroleum-Geologen herauszufordern. Er macht sich lustig über die hochbezahlten Spezialisten, dabei hat er selbst nie Geologie studiert. Aber das macht nichts, sagt Thomas Gold, 66 Jahre alt, und ergänzt unbeschwert, herausfordernd, großspurig wie immer: Genau das qualifiziere ihn dafür, endlich gründlich mit dem schwersten Irrtum der modernen Geologie aufzuräumen.

Für die Geologen müsste das Grund genug sein, sich zu sorgen: Es wäre nicht das erste Mal, dass Thomas Gold mit einem Geistesblitz ein wissenschaftliches Denkgebäude zertrümmert, das auf jahrhundertealten Fundamenten ruht. Gibt es in jedem Zeitalter einen herausragenden Querdenker, verdient Thomas Gold eine Nominierung für diesen Titel in seiner Generation. Zeit seines Lebens wildert er unbefangen in fremden Disziplinen, bringt etablierte Theorien zur Strecke, Weltbilder ins Wanken. Auf wissenschaftlichen Kongressen drohen ihm Kollegen mit den Fäusten, der Direktor der NASA warnt ihn, er werde die Forschungsgelder streichen, wenn Gold nicht schweige. Doch Gold schweigt nicht. Es schert ihn nicht, wenn er Karrieren gefährdet, am wenigsten seine eigene.

Was macht einen Menschen so unerschrocken, so zielstrebig?

Thomas Gold wird 1920 in Wien geboren, seine Mutter ist Schauspielerin, der Vater ein wohlhabender jüdischer Fabrikdirektor. Die Kindheit verbringt er in Berlin. 1933, nach Hitlers Machtergreifung, schicken die Golds ihren Sohn auf ein Internat nach Zuoz in der Schweiz. Thomas erweist sich als blitzgescheit und athletisch, aber auch als energisch und aggressiv. Was er anfängt, will er als Bester zu Ende bringen, oder er verliert das Interesse daran. Er fährt exzellent Ski, aber er weigert sich, Schach zu spielen, als er merkt, dass es Mitspieler gibt, die er nie wird besiegen können.

1938, nach dem Einmarsch Hitlers in Österreich, flieht die Familie nach England. Thomas Gold beginnt in Cambridge Maschinenbau zu studieren, wird aber bei Kriegsbeginn als »verdächtiger Ausländer« für ein Jahr in einem Lager der Briten in Kanada interniert. In der ersten Nacht im Lager, auf dem harten Boden liegend, trifft er Hermann Bondi, 21 Jahre alt, Österreicher wie er. Die beiden verstehen sich auf Anhieb. Jahre später werden sie eine Theorie über den Zustand des Universums entwerfen, die das Bild von der Welt revolutioniert.

Zurück in England, beendet Thomas Gold lustlos sein Studium; Maschinenbau interessiert ihn nicht. Sein Zeugnis ist so schlecht, dass er nur Arbeit als Holzfäller im Norden Englands findet. Er schlägt Bäume für die Absicherung von Stollen im Bergbau. Die Arbeit macht ihm Spaß, auch weil er schon bald schneller Bäume fällen kann als alle anderen im Camp. Nichts deutet zu dieser Zeit darauf hin, dass dieser junge Mann mit der fliegenden Axt, den schwieligen Händen und einem lausigen Hochschulabschluss einmal in zwei der wichtigsten wissenschaftlichen Institutionen der Welt aufgenommen werden würde, die Londoner Royal Society und die US National Academy of Science.

Hermann Bondi, der Freund aus dem Internierungslager, holt Gold zurück nach London, um dort im Auftrag der Regierung Radaranlagen zu erforschen und zu verbessern. Schließlich kehrt Gold als Physiker nach Cambridge zurück. 1948, mit 28 Jahren, beschäftigt ihn die Frage, wie das Ohr in der Lage ist, sehr leise akustische Signale wahrzunehmen und in der Tonhöhe zu unterscheiden. Weil sich diese Empfindlichkeit allein aus der Konstruktion der Gehörschnecke nicht erklären lässt, entwirft Gold die These einer aktiven Rückkoppelung im Ohr. Das Ohr wirkt nach dieser Theorie nicht nur wie ein Mikrofon, sondern wie ein Verstärker und erzeugt selbst akustische Signale. Der Fachwelt erscheint die Theorie absurd, mehr als 30 Jahre lang gilt sie in der Hörphysiologie als wertlose Fachsimpelei eines Außenseiters. Bis es Forschern in den 1970er-Jahren gelingt, die ohreigenen Klänge mit feinen Mikrofonen aufzunehmen. Feine Hörsinneszellen, die in der Lage sind, sich extrem rasch zu bewegen, verstärken die Frequenzen, die das Ohr sonst nicht hören könnte. Fällt dieser eingebaute Verstärker der Hörschnecke aus, führt dies zu Schwerhörigkeit. Thomas Gold hatte recht: 1988 wird er von den Physiologen für seine Entdeckung geehrt, die 40 Jahre zurückliegt.

Verwegene Theorien, wütender Widerstand, zerknirschtes Einlenken: Immer wieder erlebt Thomas Gold dasselbe Muster.

1951 kommt es zu einem erbitterten Streit in der Royal Astronomic Society, als Gold sich mit dem renommierten Astronomen Martin Ryle anlegt. Gold behauptet, die Strahlung, die kurz zuvor entdeckt worden war, stamme von einem Objekt weit außerhalb unserer Galaxie. Die distinguierten Forscher der Royal Astronomic Society fahren dem jungen Kollegen über den Mund, er habe offenbar keine Ahnung, wovon er da rede. Doch Golds Analyse stimmte. 1953 vermutet er, magnetisch geladene Teilchen aus Sonneneruptionen erreichten die Erde in Schockwellen und könnten das Magnetfeld stören. Wiederum wird er verlacht, wiederum behält er recht.

1955, als die meisten Forscher der Ansicht waren, der Mond sei von erkalteter Lava überzogen, sagt Gold voraus, Astronauten würden auf dem Erdtrabanten in »Mondstaub« versinken. Erst verrechnet er sich, dann korrigiert er die Dicke der Schicht auf drei Zentimeter, was in etwa dem entspricht, in was Neil Armstrong 14 Jahre später seine Mondstiefel setzt.

Bei der Suche nach Radioquellen entdecken zwei Astronomen

1967 den ersten Pulsar, eine pulsierende Quelle von Radiostrahlung im Weltall. Thomas Gold vermutet, Quelle der Strahlung sei ein schnell rotierender Neutronenstern, ein vergleichsweise winziger, extrem massereicher Stern. Als er seine Theorie auf einem Kongress von Astronomen vorstellen wollte, wurde er gar nicht aufs Podium gelassen. »Tommy, wenn ich eine so verrückte Interpretation zuließe, gibt es keine Grenzen mehr dafür, was ich zulassen muss«, habe ihm der Organisator der Konferenz gesagt, schreibt Gold später – zu absurd erschien den Veranstaltern die Idee von rotierenden Massezwergen. Wenig später schrieb derselbe Wissenschaftler, »es ist nun allgemein anerkannt, dass Pulsare rotierende Neutronensterne sind«. Was war passiert? Das Wissenschaftsmagazin »Nature« hatte Golds Theorie veröffentlicht und damit geadelt.

Wie schafft es Thomas Gold, immer wieder in fremden Fachgebieten zu wildern, und dies auch noch mit Erfolg? Golds Theorien entstehen nicht aus dem Nichts, aber sie entstehen auf eine Art und Weise, die in der modernen Wissenschaft nicht unbedingt vorgesehen ist. Statt ein eng definiertes Problem zu lösen und auf Spezialisierung zu setzen, tritt Gold einen Schritt zurück: ein Perspektivwechsel. Das menschliche Ohr betrachtete er mit den Augen eines Physikers, nicht eines Physiologen. Dabei legt Gold Wert darauf, dass es ihm nicht um den Widerspruch an sich ging. »Ich habe mir einfach angeschaut, was über eine bestimmte Sache bekannt war, und mir dann die plausibelste Erklärung ausgedacht. Ich habe einfach nicht alles geglaubt, was andere sagten.« Sein Credo beschreibt er mit den Worten des ungarischen Physikers Albert von Szent-Györgyi: »Eine Entdeckung macht man, wenn man sieht, was jeder gesehen hat, und dabei denkt, was niemand gedacht hat.«

Nicht immer setzte Gold sich durch. Gemeinsam mit Hermann Bondi und dem Astronomen Fred Hoyle entwirft er schon 1948 ein Bild vom Universum, das fast zwei Jahrzehnte lang heftig umstritten ist, aber letztlich verworfen wird. Nach dieser »Steady-State-Theorie« befindet sich das Universum in einem Gleichgewicht von weitgehend konstanter Massendichte. Da es sich aber zugleich ausdehnt, muss dafür ständig neue Materie aus dem Nichts entstehen. Als 1965 die kosmische Mikrowellen-Hintergrundstrahlung entdeckt wird, gilt sie als Beweis der Urknall-Theorie – obwohl Gold noch Jahre später sagt, er sei noch immer nicht ganz überzeugt davon, dass er unrecht gehabt habe.

Auf den größten Widerstand stößt Thomas Gold aber mit einer Theorie, mit der er sich erst spät beschäftigt, die Theorie vom Ursprung der Brennstoffe moderner Industriegesellschaften. Erdöl und Erdgas entstehen aus alter Biomasse – Wäldern und Mooren –, die unter Luftabschluss über Jahrmillionen verwesen und fermentieren, es sind »fossile« Brennstoffe. So lernen wir es in der Schule. Diese Theorie hat weitreichende Konsequenzen. Wenn Erdöl aus Biomasse entstanden ist, sind die Vorräte relativ überschaubar und womöglich noch in diesem Jahrhundert erschöpft. Je mehr sich diese Vorräte dem Ende nähern, umso knapper der Rohstoff. Zugleich benötigt die wachsende Wirtschaft immer mehr davon.

Nach Überzeugung der »Peak Oil«-Bewegung führt dies zu einem Punkt, an dem die tägliche Fördermenge den Energiehunger der Welt nicht mehr stillen kann. Wird dieser »Peak Oil« überschritten, drohen ein rasant volatiler Ölpreis, Zusammenbruch der Industriegesellschaft, Kriege und Not. Der amerikanische Untergangsprophet James Howard Kunstler, auch er ein Querdenker, rät seinen Landsleuten bereits, nicht mehr in Hochhäusern zu wohnen, da irgendwann (bald!) der Strom für die Aufzüge nicht mehr bezahlbar sein könnte. Der Zeitpunkt für den Peak Oil scheint immer nur ganz knapp bevorzustehen, obwohl einige frühe Prognosetermine inzwischen bereits mehr als Jahrzehnte in der Vergangenheit liegen.

Was aber, wenn die Idee von den verrottenden Wäldern nicht stimmt? Diese Frage ist nicht neu, schon 1877 entwarf ein russischer Chemiker die Theorie eines »abiotischen«, also nicht-biologischen, Ursprungs. Thomas Gold beginnt Ende der 1970er-Jahre, nach der ersten großen Ölkrise in den USA, sich mit dieser Idee zu beschäftigen. Er findet Indizien, die eine derartige Theorie stützen: Kohlenwasserstoffe, Grundsubstanz für Gas und Öl, sind auch auf anderen Planeten, auf Monden und Meteoriten unseres Sonnensystems zu finden, auf denen es wohl nie »Pflanzen« gab, die zu Erdöl hätten verrotten können. Wieso sollten Methan und Erdöl auf der Erde, anders als auf den anderen Planeten, ausgerechnet biologischen Ursprungs sein?

Bis heute gelten biologische Zerfallsprodukte im Erdöl als Beweis für den biologischen Ursprung. Thomas Gold vermutete dagegen, die biologischen Marker stammten von Mikroorganismen, die in großer Tiefe lebten. Diese Idee einer »tiefen, heißen Biosphäre« wurde erneut verlacht – bis an heißen Tiefseeschloten ganze Kolonien von Lebewesen entdeckt wurden, die sich offenbar von Bakterien ernährten, die unter Bedingungen florierten, die bis dato als lebensfeindlich galten.

Gold entwarf darauf aufbauend eine Theorie, die erneut quer durch alle wissenschaftlichen Disziplinen lang Bekanntes in Frage stellte. Erdöl und Erdgas sind aus Kohlenwasserstoffen entstanden, die bei der Entstehung der Erde vor gut vier Milliarden Jahren im Erdinnern eingeschlossen wurden und nach und nach in die Erdkruste nach oben wanderten. In den tiefen Regionen der

Erde besteht eine Biosphäre, deren Biomasse mindestens so umfangreich ist wie die auf der Oberfläche des Planeten. Die Bakterien dort unten leben vom eingebauten Energiespeicher – den Kohlenwasserstoffen – der Erde. Gut möglich, dass das Leben auf der Erde aus dieser unterirdischen Biosphäre entstand. Gut möglich, dass ähnliche Biosphären auf zehn weiteren Himmelskörpern allein unseres Sonnensystems bestehen.

Überhaupt: Leben auf der Oberfläche, so Gold, sei nichts weiter als eine eigenartige Verästelung im Lebensbaum, jenen außergewöhnlichen Planeten vorbehalten, die nahe genug (doch nicht zu nah) an einer Sonne liegen und daher eine brauchbare Atmosphäre bieten. Für die Verbreitung von Leben im Universum ist diese Lebensform aber viel zu fragil und denkbar ungeeignet: Weite Reisen durch den Raum sind für Lebewesen, die Licht und Luft zum Leben brauchen, kaum zu bewerkstelligen. Viel eher können sich robuste Bakterienkolonien im Weltall verbreiten, die tief im Innern eines Meteoriten leben, von dicken Gesteinsschichten geschützt gegen die kosmische Strahlung und ausgestattet mit einer Energieressource, die sie unabhängig macht vom Sonnenlicht.

Was für eine elegante, ästhetische, tiefgründige Idee: Raumschiffe aus Granit und erkalteter Lava, die Jahrmillionen durchs Weltall treiben, um dann, wie Saatgutbomben, in einer fernen Galaxie aufzuschlagen und dort den Kreislauf des Lebens von Neuem zu beginnen.

Doch von Anfang an stößt die Theorie vom abiotischen Erdöl auf erbitterten Widerstand. Zu viel steht auf dem Spiel: Seit mehr als einem Jahrhundert sind Erdöl und Erdgas der wichtigste Treibstoff des wirtschaftlichen Wachstums, des technischen Fortschritts in der Welt. Um den Zugang zu Erdölquellen werden Kriege geführt. Und kaum eine Wissenschaft ist so eng mit der Wirtschaft verwoben (und finanziell so gut ausgestattet) wie die Petroleum-Geologie. Hätte Gold recht, wäre ihre Fachrichtung komplett blamiert. »Die Wissenschaft hat sich schon früher grobe Schnitzer geleistet«, sagt der Wissenschaftshistoriker Simon A. Cole von der Cornell-Universität, der die Kontroverse um Golds »tiefe, heiße Biosphäre« 1996 analysiert. Doch ein Scheitern der hochbezahlten Petroleum-Geologen wäre einzigartig: »Noch nie«, sagt Cole, »hätten sich so viele so teuer so grundlegend geirrt.«

Entsprechend harsch ist der Gegenwind, der Gold entgegenschlägt. »Keine Frage, Gold ist sehr intelligent«, sagt einer der Geologen, die der Wirtschaftshistoriker Cole für seine Studie befragt, »aber das Thema ist sicher eine Nummer zu hoch für ihn.« Ein anderer meinte: »Thommy ist eine sehr überzeugende Person. Aber seine Argumente sind für Erdwissenschaftler eben nicht sehr überzeugend.«

Selbst die Tatsache, dass die Wissenschaft eng mit der Industrie verwoben ist – üblicherweise eher ein Hinweis auf Interessenskonflikte – wird von den Geologen als Beweis für ihre Theorie herangezogen. »Gemeinhin wird angenommen, dass Gier unwissenschaftliches Handeln nach sich zieht«, fasst Cole die Argumente der Gold-Gegner zusammen, »in diesem Fall aber soll es genau andersherum sein.« Das viele Geld, das die Industrie in die Erdölexploration und die beteiligten Wissenschaften gesteckt hat, muss nach dieser Logik zu richtigen Ergebnissen führen: »Gier gilt als Garantie für wissenschaftliche Qualität.«

Gold widerspricht. »Soll ich annehmen, dass der Geologe, der seit 30 Jahren Exxon Valdez berät und ihnen sagt, sie sollen an dieser oder jener Stelle für Hunderte Millionen Dollar nach Öl bohren, dass dieser Geologe zu seinen Chefs bei Exxon Valdez geht und sagt, ›Sir, es tut mir leid, aber ich habe mich all die Jahre geirrt. Wir haben zwar Öl gefunden, aber wenn wir auf eine andere Art und Weise gesucht hätten, hätten wir zehn Mal so viel gefunden.‹ Es ist sehr unwahrscheinlich, dass das passiert.«

Zurück zu dem Loch, das diesen Streit ein und für alle Mal beenden soll: Tiefer und tiefer schraubt sich der Bohrer am schwedischen Siljansee in den Fels, mehr als ein Jahr lang. Wenn Thomas Gold in dieser abgelegenen Gegend Öl und Methan findet, ein neues Kuweit hier im Granitgestein Schwedens, wo es nach der Theorie der klassischen Geologie nichts davon geben dürfte, müssen die Lehrbücher umgeschrieben werden. Diese Bohrung ist das entscheidende Experiment.

Bohrungen an einer Stelle, an der es eigentlich gar nichts zu finden geben dürfte, sind in der Ölwirtschaft weniger ungewöhnlich, als man annehmen möchte. Es kommt sogar so häufig vor, dass es dafür einen Begriff gibt: »Wildcat drilling«. »Wildcatter« sind Exploratoren mit einer »guten Nase« für mögliche Ölfelder; selbst Petroleum-Geologen bemühen Begriffe wie »Mut«, »Vorstellungskraft« und »Kreativität«, um das Geheimnis einer erfolgreichen Exploration zu beschreiben. Ein Manager der amerikanischen Erdölgesellschaft antwortete auf die Frage, welche geologische Methodik zum Erfolg der Erdölbohrungen in der Nordsee geführt hätten, kurz und trocken mit: »Glück.«

»Die Erfolge der Wildcatter zeigen, dass diejenigen, die sich an der geologischen Weisheit orientiert haben, ebenso viel Öl fanden wie jene, die entgegen dieser Weisheit handelten«, spottet der Wissenschaftshistoriker Simon A. Cole.

Im September 1987 erreicht das Loch 6700 Meter Tiefe. Die Bohrer fördern Methan ans Licht und eine ölige Schmiere. Kein neues Kuweit, nur etwa 100 Fass Rohöl ließen sich daraus gewinnen. Das ist zu wenig, um die Bohrung zu finanzieren, und viel zu wenig, um weiterzubohren. Thomas Gold ist dennoch zufrieden, er sieht seine Theorie bestätigt. Doch er hat nicht lange Freude an seinem Sieg: Die Gegner seiner These sagen, die ölige Schmiere sei durch chemische Reaktion in der Tiefe aus der Bohrflüssigkeit entstanden. Das Öl, das Thomas Gold gefunden hat, ist ihrer Ansicht nach das Öl, das seine Exploratoren zuvor als Bohrschmiermittel in die Tiefe befördert haben.

Gold schafft es tatsächlich, Geld für eine weitere Bohrung zusammenzukratzen – sein hartnäckiges Wesen, an dem schon viele Geologen verzweifelt sind –, und ändert den Versuchsaufbau. Wieder findet er Öl, aber nur wenig, dazu etwas Methan, und Bakterien, die offenbar davon leben. Wieder argumentiert die Gegenseite, der Fund sei nichts anderes als Schmiermittel. Die Bakterien hätte der Bohrer in die Tiefe befördert und damit das Experiment kontaminiert. Thomas Gold verliert: Er schafft es nicht, die Geologie zu revolutionieren.

»Das Umdenken hätte in der Geologie vor 60 Jahren einsetzen müssen«, als klar wurde, dass die Erde aus kaltem Gestein und nicht aus heißer Lava geformt wurde, sagt Thomas Gold. Jetzt sei es zu spät, »wegen des langen historischen Hintergrunds und wegen der immensen Menge Arbeit und Aufwand, die investiert wurden, um jedes Detail, das entdeckt wurde, im Sinne der Theorie vom biologischen Ursprung zu interpretieren. Ein ganzes Gebäude wurde darauf errichtet, und das wollen sie nicht aufgeben. Daran wollen sie jetzt festhalten. Theorie über Theorie wurde entworfen, wie dieses oder jenes biologisch entstanden sei, weil sie einfach *wussten*, dass alles biologischen Ursprungs ist.« Mit Vorliebe zitiert Gold Tolstoi: »Ich weiß, dass die meisten Menschen, auch jene, denen die komplexesten Probleme leichtfallen, selten selbst die einfachste und und offensichtlichste Wahrheit akzeptieren können, wenn es sie zwingen würde einzugestehen, dass sie einer falschen Annahme gefolgt sind – einer Annahme, die sie mit großem Vergnügen ihren Kollegen dargelegt haben, die sie stolz andere gelehrt haben und die sie, Faser für Faser, mit ihrem Leben verwoben haben.«

Der Streit um Thomas Golds Öl-Theorie beleuchtet eindrücklich, wie schwer es für Querdenker in der Wissenschaft ist, sich gegen eine etablierte Meinung durchzusetzen. Der Streit zeigt aber auch, wie schwierig es ist, aus der Froschperspektive der Gegenwart den Wert einer neuen Theorie einzuschätzen. Es ist einfach sich über die katholische Kirche lustig zu machen, die mehr als 350 Jahre brauchte, um Galileos Theorie von der um die Sonne rotierenden Erde zähneknirschend anzuerkennen: Ja, sie dreht sich. Doch wir wissen nicht, ob Thomas Gold nur einen wunderbaren, aber brüchigen Gedankenfaden gesponnen hat – oder ob wir in 50 Jahren irgendwo in Schweden doch noch auf ein Ölfeld stoßen, das kuweitische Dimensionen aufweist.

Es wäre nicht das erste Mal, dass ein gesamtes Feld der Naturwissenschaft einer These folgte, die sich später als irrig herausstellt. Im Herbst 1911 stellte der Berliner Meteorologe Alfred Wegener die These auf, dass die Kontinente der Erde irgendwann in einem Urkontinent vereint waren und seit der Trennung auseinanderdriften. Wie Thomas Gold war auch Wegener ein Außenseiter in der Geologie; seine Idee basierte ebenfalls auf der simplen Betrachtung der Kontinente, die sich grob wie Puzzleteile ineinanderfügen. Es war der frische Blick eines Nicht-Experten. Wie Gold erfuhr Wegener beißende Ablehnung. Der arme Alfred leide unter »Polschubseuche«, höhnten Geologen, deren Namen heute weitgehend vergessen sind. Nach Alfred Wegener ist heute ein Institut in Bremerhaven mit drei Forschungsschiffen und Stationen in aller Welt benannt.

Heute gilt die Kontinentalverschiebung als Lehrmeinung, doch sie ist eine Theorie, die auf der Interpretation von Daten und Beobachtungen beruht, ebenso wie Thomas Golds Idee vom Erdöl, das tief aus dem Erdinneren aufsteigt. Aber sogar Entdeckungen, die durch puren Augenschein bewiesen sind, werden nicht ohne Weiteres akzeptiert. Anfang des 20. Jahrhunderts galt es als unmöglich, ein Fluggerät zu bauen, das schwerer wäre als Luft. Das änderte sich auch dann nicht gleich, als die Gebrüder Wright das Flugzeug erfanden, damit Hunderte Zuschauer anlockten und ihre Leistung von Fotografen und beeideten Zeugen belegen ließen. Experten der US Navy erklärten, schon die Idee von Motorflugzeugen sei »absurd«, die Flüge ganz offensichtlich Betrug. Sogar die Wissenschaftszeitschrift »Scientific American« diffamierte Orville und Wilbur Wright als die »Lying Brothers«.

Nicht besser war es Thomas Alva Edison ergangen, nachdem es ihm 1879 gelungen war, einen Kohlefaden unter Luftabschluss zur permanenten Weißglut zu bringen. Er hatte die Glühbirne erfunden und lud die versammelte Wissenschaft ein, sich davon zu überzeugen. Nein danke, sagte der adlige britische Ingenieur Sir William Siemens, selbst Erfinder und Naturforscher: »Derart verblüffende Ankündigungen sollten zurückgewiesen werden, weil sie der Wissenschaft nicht würdig sind und ihrem wahren Fortschritt schaden.«

Allem Widerstand zum Trotz: Neugier und Forscherdrang treiben Menschen immer wieder auf die Suche nach dem Neuen. Doch wehe dem, der es findet.

1780 experimentierte Luigi Galvani mit Froschschenkeln und entdeckte die Bioelektrizität. Seine Kollegen verspotteten ihn daraufhin als »Froschtanzlehrer«. Und der britische Geologe Adam Sedgwick schrieb an Charles Darwin über dessen Evolutionstheorie: »Ich habe gelacht, bis mir die Seite schmerzte.«

Harmlose Spiegelfechtereien; doch der Widerstand gegen das Neue kann Menschenleben kosten. Der ungarische Arzt Ignaz Semmelweis suchte Mitte des 19. Jahrhunderts nach einem Mittel gegen das Kindbettfieber, eine Infektion, die ansonsten gesunde junge Mütter kurz nach der Geburt dahinraffte. In der traditionellen Hausgeburt war die Krankheit selten, doch in den großen Geburtsstationen der Krankenhäuser starben mitunter zwei Drittel der Wöchnerinnen. Semmelweis wies die Ärzte an, sich nach dem Sezieren von Leichen in der Pathologie die Hände zu waschen, bevor sie bei einer Geburt assisitierten. Die Müttersterblichkeit auf seiner Station sank unter ein Prozent. Semmelweis hatte die Hygiene erfunden.

Doch statt Dankbarkeit erntete der ungarische Arzt Ablehnung von den Kollegen. Auch von Rudolf Virchow, Arzt an der Berliner Charité und einer der bedeutendsten Mediziner jener Zeit. Sie, die Ärzte, die sich dem Retten von Leben verschrieben hatten, sollten schuld sein am Tod all der jungen Frauen? Der Gedanke schien absurd. Noch 1860 beklagte sich Semmelweis, Virchow ignoriere seine Erkenntnisse aus purer Überheblichkeit, und warf dem Berliner vor, verantwortlich zu sein für die »verbrecherische Sterblichkeit« auf der Wöchnerinnen-Station der Charité.

Heute wäre so etwas nicht mehr möglich? 1984 vermutet Barry Marshall, ein junger Arzt am Royal Perth Hospital in Australien, Bakterien könnten die Ursache sein für Magengeschwüre. »Gastroenterologen dachten, sie wüssten schon alles über Magengeschwüre. Und sie hatten effektive Medikamente, die Magensäure neutralisierten«, erinnerte sich Marshall 2006 in einem Interview mit dem britischen Wissenschaftsmagazin »New Scientist«. Die Medikamente linderten das Leid nur, »aber sie konnten die Kranken nicht heilen«. Die etablierte Medizin will nichts von Marshalls Entdeckung wissen.

Marshall griff zum dramatischen letzten Mittel: Er trank einen Becher mit einem Sud genau jener Bakterien, die seiner Ansicht nach verantwortlich waren für die Magengeschwüre. »Ich fragte die Ethikkomission des Hospitals lieber nicht um Erlaubnis. Und meiner Frau erzählte ich es erst, nachdem ich den Becher ausgetrunken hatte.« Nach drei Tagen geht es Marshall so schlecht, dass er sich erbricht, und seine Frau klagt, er habe einen verfault riechenden Atem. Seine Magenschleimhaut ist entzündet, das typische Vorstadium eines Magengeschwürs. Marshall nimmt Antibiotika und ist geheilt. Gemeinsam mit einem Kollegen veröffentlicht er die Ergebnisse.

Danach passiert lange nichts. Magengeschwür geheilt? Die Fachwelt war wenig beeindruckt von der heroischen Geste. »Ich war ein junger Arzt, und mein Kollege war ein Pathologe. Wir hatten keine Reputation im Feld der Gastroenterologie«, sagt Marshall. »Viele Kollegen hatten ihre Karriere der Erforschung von Magengeschwüren gewidmet, aber sie waren einfach auf dem Holzweg. Wir hatten den Vorteil, dass wir das Problem von einer Position der Unwissenheit aus angingen. Wer keinem bestimmten Denkmuster verhaftet ist, hat die Freiheit, einen neuen Weg zu gehen.«

Erst 1989 ringt sich die medizinische Fachzeitschrift »Lancet« dazu durch, Marshalls Behandlungsmethode als »Heilung« zu beschreiben, doch bis sie sich durchsetzt, vergehen weitere acht Jahre – Jahre, in denen »Millionen von Menschen unnötige Medikamente nehmen mussten und Milliarden dafür ausgegeben wurden, sie zu operieren«, wie Marshall seufzt.

Immerhin darf Marshall noch erleben, wie seine Entdeckung sich durchsetzt. 2005 erhält er den Medizin-Nobelpreis. Etlichen Querdenkern war dies nicht vergönnt: Der Geologe Alfred Wegener musste zeitlebens den Spott seiner Kollegen ertragen, seine Theorie setzte sich erst Jahrzehnte nach seinem Tod durch. Und Ignaz Semmelweis, der noch zu Lebzeiten Tausenden jungen Müttern das Leben rettete, starb im Irrenhaus.

Warum hat es das Neue so schwer? Und warum wird es verleugnet, selbst wenn es sich nicht leugnen lässt, wenn selbst der bloße Augenschein genügt, den Widerspruch zu entkräften? Wieso fiel es den Zeitgenossen so schwer zuzugeben, dass Edisons Glühbirne leuchtete, die Gebrüder Wright flogen, Semmelweis Leben rettete und Marshall Magenkranke kurierte? Der Wissenschaftsphilosoph Thomas S. Kuhn analysierte das Problem in seinem Buch »Die Struktur wissenschaftlicher Revolutionen«. Kuhn umreißt darin das Konzept des »Paradigmenwechsels«, der mit jeder Richtungsänderung im wissenschaftlichen Denken einhergeht. Fortschritt vollzieht sich nach Kuhns These nicht in einer kontinuierlichen Veränderung, sondern durch revolutionäre Umwälzungen.

Als Paradigma definiert Kuhn die vorherrschende Lehrmeinung einer wissenschaftlichen Disziplin. Um diese zu erschüttern, braucht es eine Krise – etwa ein Krankenhaus voller Wöchnerinnen, die viel zu jung sterben –, die das vorherrschende Paradigma in Frage stellt. Doch selbst dann besitzt dieses ein starkes Beharrungsvermögen: »Wenn eine wissenschaftliche Theorie einmal den Status eines Paradigmas erlangt hat, wird sie nur dann für ungültig erklärt, wenn ein anderer Kandidat vorhanden ist, der ihren Platz einnehmen kann.« Semmelweis' Entdeckung, dass Ärzte sich im Krankenhaus die Hände waschen sollten, konnte sich erst dann endgültig durchsetzen, als Robert Koch es 1876 gelungen war, »Bazillen« als Krankheitserreger nachzuweisen. Erst dann gab es ein Denkmodell, das den Tod der Wöchnerinnen und die Ursache dafür schlüssig erklären konnte.

Für die Wissenschaft ist ein Paradigmenwechsel ein Ereignis, das die Welt im Innersten erschüttert. In einer Revolution muss die Wahrnehmung eines Wissenschaftlers neu gebildet werden. »Es ist fast, als wäre die Fachgemeinschaft plötzlich auf einen anderen Planeten versetzt worden, wo vertraute Gegenstände in einem neuen Licht erscheinen und auch unbekannte sich hinzugesellen«, schreibt Kuhn. »Was in der Welt des Wissenschaftlers vor der Revolution Enten waren, sind nachher Kaninchen.«

Der Erkenntnisprozess der Wissenschaft gleicht dem eines Menschen, der sich nach und nach die Welt zu eigen macht, indem er den Dingen, die ihn umgeben, Namen gibt und Bedeutung verleiht. Mit jeder neuen Erkenntnis wachsen Sicherheit und Vertrautheit. Glauben wir mehr über die Welt zu wissen, sind wir weniger bereit, diese grundsätzlichen Wahrheiten in Frage zu stellen. Deswegen haben es Querdenker so schwer: Je kühner ihre Idee, umso heftiger das Erdbeben, das sie im Fundament unserer Weltgewissheit auslösen.

Kuhn beschreibt dies anhand eines Experiments. Wird einer Versuchsperson eine Brille mit Umkehrlinsen aufgesetzt, sieht sie anfänglich die ganze Welt auf dem Kopf stehend. »Das Ergebnis ist eine völlige Desorientierung, eine akute persönliche Krise«, doch nicht für lange: »Nachdem die Versuchsperson gelernt hat, sich der neuen Welt anzupassen, kippt das gesamte Gesichtsfeld um, gewöhnlich nach einer Zwischenperiode, in welcher das Sehbild verworren ist.« Danach sieht der Proband die Welt wieder klar: »Wörtlich und metaphorisch hat der an Umkehrlinsen gewöhnte Mensch eine revolutionäre Umwandlung des Sehens durchgemacht.«

Wie werden Wissenschaftler dazu gebracht, ihre Sichtweise derart radikal zu ändern? »Ein Teil der Antwort ist, dass sie oft nicht dazu gebracht werden«, schreibt Thomas Kuhn. Die kopernikanische Wende erfolgte keineswegs mit fliegenden Fahnen: Auch ein Jahrhundert nach dem Tod von Nikolaus Kopernikus glaubten nur wenige Kosmologen, dass die Erde sich um die Sonne dreht. Nicht besser erging es dem Engländer Isaac Newton, dessen Hauptwerk »Principia«, in dem er das Gesetz der Schwerkraft definiert, auch ein halbes Jahrhundert nach Erscheinen auf dem Kontinent kaum anerkannt war.

Der Naturforscher Charles Darwin ahnt schon, was auf ihn zukommt, als er in seinem Buch »Die Entstehung der Arten« die Evolutionstheorie ausbreitet, einen Gedanken, der quer zu allen herrschenden Glaubens- und Erkenntnisrichtungen verläuft. Obwohl er von seiner Idee überzeugt sei, schreibt Darwin, »erwarte ich keineswegs auch die Zustimmung solcher Naturforscher, deren Geist von Tatsachen erfüllt ist, die sie jahrzehntelang von einem entgegengesetzten Standpunkt aus ansahen«. Großes Vertrauen setzt Darwin aber in den Nachwuchs: »Junge, aufstrebende Naturforscher werden unparteiisch die beiden Seiten der Frage prüfen können.« Ähnlich pessimistisch sah dies der Physik-Nobelpreisträger Max Planck: »Eine neue wissenschaftliche Wahrheit pflegt sich nicht in der Weise durchzusetzen, dass ihre Gegner überzeugt werden und sich als belehrt erklären, sondern vielmehr dadurch, dass die Gegner allmählich aussterben und dass die heranwachsende Generation von vornherein mit der Wahrheit vertraut gemacht ist.«

»Science advances one funeral at a time« – von Begräbnis zu Begräbnis schreitet der wissenschaftliche Fortschritt voran.

Manchmal braucht es mehr als nur *ein* Begräbnis, bis eine Idee sich durchsetzt. Der griechische Astronom Aristarch von Samos hatte bereits im dritten Jahrhundert vor Christus herausgefunden, dass die Erde um die Sonne kreist. Doch sein Weltbild wurde verworfen und anschließend vergessen. Erst 1800 Jahre später griff Nikolaus Kopernikus die Idee wieder auf, ohne die Mehrheit seiner Kollegen zu überzeugen. Noch eine Generation später wurde Galileo Galilei unter lebenslangen Hausarrest gestellt, als er Kopernikus' Gedanken weiterentwickelte. Erst 2000 Jahre nach Aristarch und 200 Jahre nach Kopernikus war die katholische Kirche überhaupt bereit, Schriften über das heliozentrische Weltbild zuzulassen. Bis sie Galilei rehabilitierte – tatsächlich erst 1992! –, vergingen weitere 200 Jahre.

War die historische Denkleistung des Griechen Aristarch nutzlos, weil letztlich wirkungslos? Und wenn ja, welchen Wert haben dann überhaupt Querdenker für den wissenschaftlichen Fortschritt? »Querdenker sind in wissenschaftlichen Revolutionen ein wesentlicher Moment, weil sie eine Rolle spielen bei der Entstehung neuer Perspektiven«, sagt der Berliner Wissenschaftshistoriker Jürgen Renn. Perspektivenwechsel – oft ist es nur ein neuer Blick auf Bekanntes, der eine Umwälzung in Gang setzt. Der Astronom Johannes Kepler bediente sich, als er die Laufbahn des Mars untersuchte, der Beobachtungen seines Widersachers Tycho Brahe. »Kepler wusste, dass Brahe die besten und genauesten Daten hatte«, erklärt Renn, »aber Brahe war nicht in der Lage, die scheinbar erratische Bahn des Mars zu erklären.« Kepler konnte dies, indem er mit einer mehr als tausend Jahre alten Tradition brach und die Bahnen der Himmelskörper nicht als Kreise, sondern als Ellipsen auffasste. Die Entdeckung war letztlich eine Koproduktion: Brahe hatte den langen Atem für die Mühen der Ebene und notierte akribisch seine Beobachtungen, und Kepler trug das Ergebnis mit dem genialen Gedanken im Schlussspurt über die Ziellinie.

Für Querdenker in allen Zusammenhängen gilt: Timing is everything. »Die historische Situation muss einen Perspektivwechsel zulassen«, erklärt Jürgen Renn. Er sortiert Querdenker grob in drei Kategorien: Erstens die Viel-zu-Frühen wie Aristarch von Samos, deren Ideen ihrer Zeit so weit voraus sind, dass sie vergessen werden, bevor sie im öffentlichen Bewusstsein Fuß fassen können. Zweitens die Visionäre, die zwar zu Lebzeiten angefeindet werden, deren Ideen sich dann aber später durchsetzen, wie Kopernikus. Und drittens die Ruhmreichen, deren Geistesblitz genau zur richtigen Zeit kommt, um ein krisengeschütteltes Dogma zu zerschlagen. »Hätte Einstein seine Relativitätstheorie 50 Jahre früher aufgestellt, wäre er im Irrenhaus gelandet«, vermutet Renn.

Querdenker sind, bei aller Genialität ihrer Einzelleistung, eben auch ein Produkt ihrer Zeit – und damit nicht unersetzlich. Das zeigen Mehrfacherfindungen wie das Telefon. Oft ist ein Paradigmenwechsel nicht an einen bestimmten Helden gebunden. Die Industrielle Revolution hätte auch stattgefunden, wenn James Watt nicht die Dampfmaschine erfunden hätte.

Das ist ein schwacher Trost für vorwärtsstrebende Querdenker in der Gegenwart wie Thomas Gold, den Wildcatter unter den Petroleum-Geologen. 1989 fasst er seinen Frust über den Wissenschaftsbetrieb in einem Aufsatz zusammen, dessen Titel, »Die Trägheit der wissenschaftlichen Überlegung«, jene Ungeduld signalisiert, mit der Gold zeitlebens diesem Betrieb begegnete. Wahre Wissenschaft, schreibt Gold, hat ihren Ursprung in der Neugier des Menschen; doch zu viele Forscher seien nicht willens, Neues zu erfahren: »Sie glauben, das, was sie auf der Universität und in den paar Jahren danach gelernt haben, sei alles, was es zu lernen gäbe. Danach sehen sie sich als Fachmann, der nichts weiter zu lernen braucht.«

Die größte Gefahr für den wissenschaftlichen Fortschritt sieht Gold aber im Bedürfnis der Menschen, der Mehrheit anzugehören. Diese Angst vor sozialer Isolation, die der Hirnforscher Gregory Berns später auf seinen Hirnscans als hyperaktiven Mandelkern abbildet, charakterisiert Gold als Herdentrieb. »Angeblich ist dieser Herdentrieb auf alte Stammesgesellschaften zurückzuführen. Ich bin sicher, dass dieser Instinkt auf irgendeine Art hilfreich ist für das Sozialverhalten«, ätzt Gold in seinem Essay, »aber für die Wissenschaft ist er eine Katastrophe.«

Wer sich der Mehrheit in einer wissenschaftlichen Schafherde unterordnet, kann seine Gedanken gar nicht neu ausrichten, »weil er sich nicht vorstellen kann, dass die gesamte Herde gemeinsam mit ihm die Richtung ändert«. Die Herde ändere oft nicht einmal dann die Richtung, wenn eigentlich alle überzeugt sind, dass diese Richtungsänderung notwendig wäre – weil keiner den Anfang macht und damit riskiert, allein und außerhalb der Herde zu stehen.

Sich in der Masse zu bewegen bietet durchaus Vorteile, spottet Gold, »weil es das Risiko minimiert, die eigene Ahnungslosigkeit zu entlarven«. Denn argumentativ rechtfertigen muss sich nur, wer sich gegen den Mainstream stellt: Wer die Mehrheitsmeinung vertritt, braucht dafür keine Begründung.

Je machtvoller die Mehrheit, umso mehr schließen sich ihr an oder sind bereit, diese Mehrheitsmeinung zu verteidigen. Durch diese positive Rückkoppelung gewinnt das Paradigma weiter an Stärke. Thomas Gold hat dafür den Begriff »Schuhlöffel-Wissenschaft« geprägt. Neue Erkenntnisse, die Zweifel am etablierten Paradigma aufwerfen könnten, werden so weit umgedeutet und zurechtgebogen, bis sie sich in den bereits formatierten Rahmen pressen lassen. »Wenn sich dies über eine lange Zeit fortsetzt, wurde so viel Energie investiert, um die Daten in dieses anscheinend vorbestimmte Muster zu pressen, dass es den Anschein erweckt, als sei es fest etabliert. Dabei wurde in Wahrheit nur ein

Überbau über etwas konstruiert, das auf falschen Annahmen beruht.« Ein Luftschloss, ein Wolkenkuckucksheim. »Wenn ich ein konfuzianisches Sprichwort dazu erfinden müsste«, spottet Gold, »ginge es etwa so: ›Schließe niemals von der Größe eines Gebäudes auf die Stärke des Fundaments.‹«

Wer sich aber außerhalb der Herde stellt, wird nicht nur von den Hütehunden, sondern auch von den übrigen Schafen attackiert. Als ein Artikel von Thomas Gold über den Ursprung des Erdöls in einem Buch der »US National Geographic Survey« erscheinen sollte, drohten 34 Wissenschaftler damit, ihren Beitrag zurückzuziehen, um nicht auf derselben Plattform wie Gold zu veröffentlichen. »Die Gehässigkeit, die einem entgegenschlägt, ist ungeheuerlich!«, wunderte sich Gold. »Im Mittelalter hätten sie mich auf dem Scheiterhaufen verbrannt.«

Sich außerhalb der Herde zu bewegen, wirft für Wissenschaftler nicht nur die Frage auf, wie sehr sie in der Lage sind, die Stresssymptome aus ihrem Mandelkern unter Kontrolle zu halten. Wer ein bestehendes Paradigma herausfordert, riskiert den ökonomischen und wissenschaftlichen Suizid. Das hat mit der Verflechtung der modernen Forschung und Lehre zu tun. Denn anders als in der klassischen Karikatur des einsamen Forschers, der in seinem Labor weltabgeschieden mit seinem experimentellen Aufbau hantiert, sind Wissenschaftler in fast jeder Phase ihrer Karriere auf Unterstützung angewiesen.

Eine wissenschaftliche Karriere besteht aus mühsamer, jahrelanger Aufbauarbeit. Erfolg bemisst sich nach der Anzahl und Güte der Veröffentlichungen in Fachzeitschriften, die wiederum überschwemmt werden mit Aufsätzen. »Nature«, eines der renommiertesten Journale der Naturwissenschaften, beschäftigt 30 Redakteure, die 95 Prozent aller eingereichten Arbeiten ablehnen – die meisten übrigens nicht, weil sie zu revolutionär sind, sondern weil sie zu wenig Neues bieten.

Entscheidendes Kriterium bei der Einschätzung der Arbeiten ist aber der Peer Review, das Expertengutachten. Vor Veröffentlichung werden alle Forschungsarbeiten von etablierten Fachleuten aus dem jeweiligen Gebiet eingeschätzt und bewertet. Senkt nur einer der Experten den Daumen, wird das Papier in der Regel abgelehnt. Auch Forschungsgelder werden stets erst nach einem Expertengutachten vergeben. Das soll die Unabhängigkeit der meist staatlichen Förderstellen garantieren und sicherstellen, dass kein Geld in Spinner investiert wird, die beweisen wollen, dass die Erde eine Scheibe ist.

Doch gibt es kaum einen Wissenschaftler, der nicht schon am System des Peer Review verzweifelt ist, und jeder weiß von haarsträubenden Beispielen zu berichten. So scheiterten die Erfinder des Rastertunnelmikroskops zunächst, weil Experten ihre Arbeit »nicht interessant genug« fanden. Das Nobelpreiskomitee war später anderer Ansicht. Der Hirnforscher Gregory Berns (aus dem Kapitel 1) musste seine Forschungen über die Wahrnehmungsstörungen im Asch-Experiment zu fünf verschiedenen Journalen tragen, bis sie endlich veröffentlicht wurden. »Das System ist nicht darauf angelegt, bahnbrechende Forschung zu unterstützen«, sagt er vorsichtig. Thomas Gold war in seinem Aufsatz über die Trägheit noch deutlicher: »Peer Review ist ein totales Desaster. Es ist inzwischen praktisch unmöglich, außerhalb der allgemein anerkannten Grenzen zu forschen. Würde sich ein junger Mann ohne wissenschaftliches Renommee heute an eine solche Aufgabe wagen, wäre dies hoffnungslos zum Scheitern verurteilt, egal, wie brillant und genial er wäre.« Während die Forschungsaktivität allgemein zunimmt, sei es fraglich, ob nicht die Zahl der Entdeckungen langfristig abnehme.

Auch der Münchener Wissenschaftsphilosoph Dieter Gernert hält den Peer Review für langsam, unzuverlässig, parteiisch und elitär. Er zieht als Beweis dafür die verschlungene Karriere des indischen Astrophysikers Subrahmanyan Chandrasekhar heran, der bereits im Alter von 19 Jahren bahnbrechende Berechnungen über die Sternenmasse sogenannter Weißer Zwerge anstellte, die später zu schwarzen Löchern kollabieren. Seine Theorie wurde so energisch bekämpft, dass es Chandrasekhar unmöglich war, sie zu veröffentlichen. Er wandte sich anderen Forschungsfeldern zu – bis andere Forscher Jahrzehnte später zum selben Ergebnis kamen. Schließlich wurde Chandrasekhar der Nobelpreis verliehen.

Der Peer Review ist das wichtigste Instrument der Qualitätssicherung im Wissenschaftsbetrieb. Doch das Expertengutachten ist per Definition fortschrittsfeindlich. Die Experten, die über Veröffentlichung eines Aufsatzes und damit über die Karriere eines jungen Wissenschaftlers entscheiden, sind die Vertreter des Status quo. Sie haben womöglich ihre gesamte Karriere in den Aufbau eines Paradigmas investiert, das durch das vor ihnen liegende Papier in Frage gestellt wird.

Sogar ehemalige Querdenker verlieren oft, hat sich ihre Idee erst im Mainstream durchgesetzt, die Flexibilität im Denken. Thomas Alva Edison, der geniale und verspottete Erfinder der Kohlefadenlampe, behauptete, es sei »Zeitverschwendung, mit Wechselstrom herumzuspielen: Niemand wird das jemals benutzen.« Das war Wunschdenken und eher eine politische als eine wissenschaftliche Aussage. Edison focht ab den 1880er-Jahren einen bitteren »Stromkrieg« gegen George Westinghouse um die Elektrifizierung der Vereinigten Staaten aus. Edison favorisierte Gleich-, Westinghouse den Wechselstrom; es ging um

Macht, Ansehen und viel Geld. Westinghouse hatte die besseren Argumente, denn Wechselstrom ließ sich problemlos in Hochspannung transformieren und über große Entfernungen transportieren. Doch Edison besaß das Patent für die Glühlampe, zu dieser Zeit das wichtigste Elektrogerät. Und der Erfinder und ehemalige Querdenker bekämpfte die Ideen des Gegners mit allen Mitteln. Am 4. Januar 1903 ließ er im Zoo von Coney Island in New York eine Elefantenkuh hinrichten. »Topsy« starb durch einen Stromschlag von 6600 Volt, um der Öffentlichkeit die Gefahren des Wechselstroms vor Augen zu führen. Zur Sicherheit hatte Edison dem Tier kurz vor der Hinrichtung noch vergiftete Karotten zu fressen geben lassen.

Aber warum sind die Silberrücken der wissenschaftlichen Disziplinen so unerbittlich, warum so unbedingt in der Verteidigung ihrer Philosophie? Die meisten Wissenschaftler folgen ihrer Berufung mit großer Leidenschaft, und ohnehin sind nur wenige Menschen bereit einzugestehen, ihr Leben lang einem Irrtum aufgesessen zu sein. Umso weniger, wenn ihr wissenschaftliches Ansehen und ihr Nachruhm untrennbar mit dem bestehenden Paradigma verbunden sind. Denn »die wissenschaftliche Ausbildung kennt kein Äquivalent des Kunstmuseums oder der Klassikerbibliothek«, wie der Philosoph Thomas Kuhn schreibt. Wissenschaftliche Revolutionen »enden mit einem vollkommenen Sieg eines der beiden gegnerischen Lager«.

Die siegreiche Lehre wird als Fortschritt definiert, die unterlegene als Irrtum.

»Wenn eine wissenschaftliche Gemeinschaft ein veraltetes Paradigma abstößt, so verwirft sie auch gleichzeitig, als passenden Gegenstand fachwissenschaftlicher Prüfung, die meisten Bücher und Artikel, in denen dieses Paradigma Gestalt gewonnen hatte.« Sogleich beginnen die Sieger der Revolution, die Geschichte ihrer wissenschaftlichen Disziplin neu zu schreiben. In den Universitäten hängen die Porträts der Vordenker des aktuellen Paradigmas in der Aula. Die Porträts der Unterlegenen verstauben im Keller. Wir erinnern uns an Galileo Galilei als genialen Querdenker auch deshalb, weil seine Thesen noch immer im Einklang mit unserem Weltbild stehen.

Nur wenige Menschen rennen ihr Leben lang so ungestüm und fröhlich gegen Festungsmauern an wie Thomas Gold, der 2004 in Ithaca im US-Bundesstaat New York verstarb. Doch Golds Erfahrungen zeigen, wie schwer es das Neue in der Welt hat. Die Wissenschaft gleicht hier wie ein Abbild unserer eigenen Weltaneignung: Immer wieder verschieben wir die Grenzen unserer Erkenntnis und wehren uns doch zugleich dagegen, das Bekannte hinter uns zu lassen. Wir streben nach Fortschritt und sehen doch nur ungern ein, dass wir uns dafür immer wieder von sicher geglaubten Wahrheiten trennen müssen.

Für Querdenker sind Thomas Golds Erfahrungen ein Lehrbeispiel dafür, was auf sie zukommen mag und wie viel Widerstandskraft ihnen abverlangt werden wird. Erfolgreiche Systeme bilden Abwehrmechanismen, die ihren Erhalt gegen Angriffe von außen sichern sollen. In der Wissenschaft hilft das Expertengutachten, etablierte Theorien zu verteidigen; im Arbeitsleben sind es Hierarchien, die dazu genutzt werden können, neue Ideen auf ihrem Weg nach oben zu stoppen. Querdenker sind Bilderstürmer, und je zahlreicher ihre Gegner, umso erbitterter der Widerstand, der ihnen entgegenschlägt. Denn selbst wenn ein Einzelner neuen Ideen gegenüber aufgeschlossen sein mag: In der Gruppe wird der Konsens zum Bollwerk. Das zeigt die psychologische Forschung vom Gruppendenken, wie wir im nächsten Kapitel sehen.

3. Gruppendenken

WARUM WIR DEN KUSCHELKONSENS BEWAHREN WOLLEN

Irgendetwas ist explodiert über Nacht; ein Loch, so groß wie ein Teller, klafft in der Tischplatte, als der Chemiker Martin Fleischmann eines Morgens in sein Labor an der University of Utah zurückkehrt. Unter dem Loch, in einem flachen Krater im Betonboden, liegen die Reste eines Experiments, das auf dem Tisch monatelang still vor sich hingeköchelt hatte. Was war das?

Die meisten Kollegen Fleischmanns hätten wohl eine chemische Reaktion als Grund für die enorme Verpuffung vermutet. Doch Fleischmann und sein Kollege im Labor, der Elektrochemiker Stanley Pons, sind bereits seit Jahren auf der Suche nach etwas anderem, nach einer Erfindung, die die Welt verändern könnte. Sie sehen, was sie unbedingt sehen wollten: Das Loch im Tisch ist der Hinweis darauf, dass ihnen etwas gelungen ist, was die moderne Physik für unmöglich hält, eine spontane Kernfusion bei Raumtemperatur. Eine Kernschmelze auf dem Küchentisch! Doch leider sind sie die einzigen Zeugen.

Vier weitere Jahre lang versuchen die beiden Chemiker, abgeschieden von der wissenschaftlichen Fachwelt, das Experiment zu wiederholen und die Grundlagen der Reaktion zu erforschen. Sie experimentieren mit Deuterium, sogenanntem schwerem Wasser, einem stabilen Wasserstoff-Isotop mit einem zusätzlichen Neutron im Atomkern. Schließlich wähnen sie sich am Ziel: Sie füllen Wasser, angereichert mit schwerem Wasserstoff, in einen Glaszylinder, tauchen eine Kathode aus Palladium, einem seltenen Edelmetall, hinein und legen Strom an. Die Messinstrumente zeigen »Überschusswärme« an; das Wasser erwärmt sich mehr, als durch die Stromzufuhr zu erwarten wäre. Das Experiment gewinnt Energie.

Fleischmann und Pons haben die Forschungen bis dahin weitgehend aus ihrer eigenen Tasche bezahlt, ihre Theorie ist zu unwahrscheinlich, um dafür Fördergelder zu bekommen. Kernfusion, so sieht es das physikalische Lehrbuch vor, ist nur bei hohem Druck und extrem hohen Temperaturen – wie in der Sonne – möglich. Für eine Fusion bei Raumtemperatur gibt es keine Erklärung, die sich mit dem physikalischen Weltbild in Einklang bringen lässt. Sollte es ausgerechnet zwei Chemikern gelingen, der Kernphysik zu einem neuen Durchbruch zu verhelfen?

Eigentlich müssten sie ihre Ergebnisse jetzt in einem wissenschaftlichen Journal veröffentlichen, um wissenschaftlich anerkannt zu werden. Doch der Prozess ist langwierig, und dafür müssten sie all ihre Experimente offenlegen. Die University of Utah aber, ihr Arbeitgeber, wittert eine Jahrhundertentdeckung, etwas, das einer unbedeutenden Universität Weltruhm verschaffen könnte. Und es gibt Gerüchte, dass Wissenschaftler an der Brigham Young University, der Mormonenuniversität, ebenfalls an der Kernfusion bei Raumtemperatur forschen.

Die Universität drängt Fleischmann und Pons, gleich an die Öffentlichkeit zu gehen, um sich die Patentrechte für die Erfindung zu sichern.

Am 23. März 1989 treten Fleischmann und Pons vor die Presse und geben bekannt, dass es ihnen in einem »überraschend einfachen Experiment« gelungen sei, Deuterium-Atomkerne im Reagenzglas miteinander zu verschmelzen und damit Energie zu gewinnen. Ihre Entdeckung könnte die Welt revolutionieren: Deuterium kommt im Überfluss in einfachem Meerwasser vor.

Ein simpler Reaktor, der Wärme aus Meerwasser erzeugt, könnte die Energieprobleme der Menschheit auf alle Zeit lösen.

Die Pressekonferenz ist ein Sprung ins eiskalte Wasser aus großer Höhe. Sollten sich die Versuchsergebnisse bestätigen, könnten Fleischmann und Pons sehr schnell »sehr wohlhabend« werden und »fast sicher« mit dem Nobelpreis rechnen, schreibt die »New York Times«. Spätestens seit der Ölkrise von 1973 gilt die Hoffnung auf eine unerschöpfliche Energiequelle als Heiliger Gral der Wissenschaft. In den Monaten vor der Pressekonferenz ist der Preis für Rohöl wieder einmal um 30 Prozent gestiegen. Kein Wunder, dass die Kernschmelze im Reagenzglas die Fachwelt elektrisiert.

Für einen jungen Physiker aus Kalifornien, einen brillanten Aufsteiger mit mächtigen Mentoren, wird die Pressekonferenz zu einem Wendepunkt in seinem Leben. Peter Hagelstein hat, als er von den Deuterium-Experimenten in Utah erfährt, bereits eine steile Karriere hinter sich: Als 29-Jähriger gehörte er zu den Stars der Lawrence-Livermore-Labors. Dort arbeitete, unter der Leitung von Edward Teller, dem genialen Kernforscher und Vater der Wasserstoffbombe, eine Gruppe junger Wissenschaftler in den frühen 1980er-Jahren an neuen Atombomben. Hagelstein hat einen extrem energiereichen Röntgenlaser entwickelt, der sich aus einer kontrollierten Atombombenexplosion speist. Der Laser bildet den Grundpfeiler der »Star Wars«-Raketenabwehr des damaligen amerikanischen Präsidenten Ronald Reagan. Hagelstein gehört den »Jasons« an, einem elitären Kreis wissenschaftlicher Berater des Verteidigungsministeriums. Als ein Beitrag über Hagelstein in einem amerikanischen Magazin erscheint, vergleicht ihn ein Leserbriefschreiber in fasziniertem Entsetzen mit »Doktor Faustus«: ein Genie, das einen Pakt mit dem Teufel schloss.

Jetzt, mit 34 Jahren, ist Hagelstein bereits auf Lebenszeit am Massachusetts Institute of Technology, dem M.I.T., angestellt, der prestigeträchtigsten amerikanischen Forschungseinrichtung. Er ist auf dem Weg, einer der ganz Großen in der Welt der Physik zu werden. Und er ist, nachdem er die Arbeit an den Bomben aufgegeben hat, auf der Suche nach einem Forschungsfeld, auf dem er seine Ambitionen ausleben kann.

Als die Nachrichten von der Pressekonferenz eintreffen, fliegt Hagelstein nach Livermore, um sich mit Edward Teller zu treffen. Teller, zu dieser Zeit bereits 81 Jahre alt, hält die Kalte Fusion für vielversprechend; er ermutigt Hagelstein, sich des Themas anzunehmen. Am 12. April 1989, nicht einmal drei Wochen nach der Pressekonferenz, vermeldet das M.I.T. stolz, dass Hagelstein vier Papiere bei wissenschaftlichen Journalen eingereicht hat, die das theoretische Fundament für die Kalte Fusion legen sollen. Das M.I.T. will sich um Patente bemühen. Während die Welt noch rätselt, was genau da in den Reagenzgläsern in Utah wohl passiert ist, beginnt Hagelstein bereits an der neuen physikalischen Weltordnung zu schreiben.

Währenddessen versuchen Labors in aller Welt, die Kalte Fusion zu wiederholen. Doch das Experiment scheitert in Kalifornien. Es scheitert in Tennessee. Die Universität Stanford und das Georgia Institute of Technology melden Erfolge, ziehen die Meldungen dann aber zurück. Yale, Berkeley: Kalte Fusion gescheitert. Das Kernforschungszentrum CERN in Genf: Keine Kalte Fusion, nirgendwo in Europa.

Die Stimmung beginnt zu kippen. Der Hype der ersten Tage wird Fleischmann und Pons zum Verhängnis. Ihre Forschungsergebnisse sind allenfalls ermutigend, aber viel zu vage. Jetzt fehlt die Geduld, das Experiment in aller Ruhe nachzuvollziehen. Viele Physiker waren von Anfang an skeptisch, misstrauten den beiden Chemikern, die behauptet hatten, sie könnten die Regeln der etablierten Physik auf den Kopf stellen. Am 3. Mai 1989, auf dem Kongress der American Physical Society in Baltimore, verlangen sie Rechenschaft von Fleischmann und Pons, doch diese haben die Einladung ausgeschlagen und sind für niemanden zu erreichen. Stanley Pons verhandelt mit Abgesandten des Präsidenten George H.W. Bush in Washington über eine Forschungsförderung in der abenteuerlichen Höhe von 25 Millionen US-Dollar.

Das Geld wird niemals ausgezahlt. In Baltimore bricht die etablierte Physik den Stab über Fleischmann, Pons und die Kalte Fusion. Steven E. Koonin vom Californian Institute of Technology – kurz Caltech, dem kalifornischen Gegenstück des M.I.T. – höhnt, die Ergebnisse von Utah seien ganz einfach zu erklären. Sie seien eine Folge der »Inkompetenz und Wahnvorstellungen von Pons und Fleischmann«. Die Zuhörer sind für einen Moment verblüfft. Dann klatschen sie erleichtert Beifall. Die Kalte Fusion, die für einen kurzen Frühling lang das Weltbild der etablierten Physik bedroht hatte, ist tot. Fleischmann kehrt nach England zurück, Pons flieht nach Frankreich und gibt verbittert seine amerikanische Staatsbürgerschaft auf.

Peter Hagelsteins Höhenflug endet in einem Absturz. Auf einem Treffen der Jasons, der wissenschaftlichen Berater des Verteidigungsministeriums, nimmt ihn der Vorsitzende väterlich zur Seite, um ihn zu warnen: »Peter, warum lässt du nicht die Finger von dieser Sache? Du wirst dir damit nur deine Reputation ruinieren.« Und ergänzt, mit Nachdruck: »Du könntest so eine großartige Karriere als Physiker machen.«

Noch könnte Hagelstein abspringen, es ist nicht zu spät. Doch er hat die Forschungsergebnisse aus aller Welt gesammelt und er sieht eine Chance, dass die Kalte Fusion funktionieren könnte, irgendwann. Er will nicht einsehen, warum er nicht weiter daran forschen soll. Er gibt seine Mitgliedschaft bei den Jasons auf.

Danach wird es einsam um Peter Hagelstein.

Er behält zwar seine Anstellung auf Lebenszeit am M.I.T., wird aber nie zum ordentlichen Professor berufen. Als seine Forschungsmittel aufgebraucht sind, muss er sein Labor aufgeben, seine Sekretärin entlassen, und er verliert sogar sein Büro. Zeitweise versinkt er in einer Depression, doch er sagt: »Was spielt das schon für eine Rolle? Was ist wichtiger, meine Betrübnis oder die Chance, mit meinem Handeln die Welt zu verändern?«

Hagelstein hält das Potenzial der Kalten Fusion nach wie vor für unerschöpflich. Die Energiedichte des schweren Wassers sei zehn Millionen Mal höher als die von Benzin, rechnet er vor, ein Leichtes also, Autos mit einer Kraftstoffzelle zu bauen, die in ihrem Lebenszyklus niemals aufgetankt werden müssen. Oder Öfen, die mit minimalem Aufwand an elektrischer Energie Häuser beheizen. Nur »drei bis fünf Jahre« intensiver, staatlich geförderter Forschung wären dafür nötig.

Doch nach dem Kongress von Baltimore ist das Forschungsfeld auf Jahre hinaus vermint. Keines der vier Papiere, die Hagelstein zur theoretischen Einordnung der Kalten Fusion verfasst hat, wird je veröffentlicht. Das amerikanische Patentamt weigert sich, Patente für die Kalte Fusion zu vergeben. Begründung: »Weil es genauso wenig funktioniert wie das Perpetuum mobile.« Es gibt kein Geld, kein Renommee zu gewinnen; die etablierte Physik hat sich gegen die Kalte Fusion verschworen. Nur wenige Forscher wagen sich vor und riskieren viel: Der Physiker John Dash, Professor an der Portland State University, forscht ebenfalls bis heute an der Kalten Fusion, fühlt sich in seinem Kollegenkreis aber »als Paria«, als Geächteter. Es gibt kaum Nachwuchs. »Wer sich als junger Forscher mit der Kalten Fusion beschäftigt, ruiniert sich die Karriere«, klagt Peter Hagelstein heute, mit 55 Jahren. Das physikalische Establishment hält er für »eine Mafia«.

»Hätte ich damals, 1989, auf die Kalte Fusion gespuckt wie alle anderen, dann könnte ich über Fördergelder verfügen, könnte meine Forschungen publizieren«, sagt Hagelstein rückblickend, »viel Gutes wäre mir widerfahren.«

Und warum hat er es nicht getan?

»Weil es nicht recht gewesen wäre.«

Ist Peter Hagelstein einfach nur ein verbitterter, ergrauender Dickkopf, der sich in den falschen Zug gesetzt und es dann verpasst hat, wieder auszusteigen? Versucht er, Jahre vergeblicher Forschung durch sture Rechthaberei zu rechtfertigen? Die Verhaltensökonomie beschreibt dieses Verhalten als »sunk-cost fallacy«, den Fehler des »versenkten Geldes«, der es uns schwermacht, Fehlinvestitionen einfach abzuschreiben. Es ist ein Phänomen, das Besitzern von Gebrauchtwagen bekannt ist, die gerade 2000 Euro in einen Austauschmotor investiert haben und danach noch viele weitere Reparaturen bezahlen, bevor sie einsehen, dass dieses Geld verloren, »versenkt« ist. Möglicherweise wird sich die Kalte Fusion langfristig als Hirngespinst erweisen, als eine lange Kette von Messfehlern und Ungenauigkeiten, die – wie ein Schmutzfleck auf einer schlecht geputzten Brille – ein Trugbild erzeugt haben. Oder ist es umgekehrt? Gibt Peter Hagelstein, zu Recht verzweifelt, der Menschheit zu verstehen, dass sie ihre große Chance, die Energie- und damit auch die Klimaprobleme ein für alle Mal aus der Welt zu schaffen, verpasst hat? Der Wissenschaftshistoriker Jürgen Renn hält es für möglich, »dass einige der Kontroll-Experimente als Scheitern angelegt waren, um die Kalte Fusion gezielt zu diskreditieren«.

Ein ungeheuerlicher Gedanke: Wissenschaftler missbrauchen

die Methode des Experiments, das eigentlich dazu da ist, die Grenzen unseres Wissens zu erweitern, dazu, genau diese Erweiterung zu verhindern.

Doch Hagelstein und sein Kollege Dash aus Oregon sind nicht die Einzigen, die sich in ihrer Fachrichtung, in der sie eben noch aufgehoben waren, plötzlich einem Bollwerk gegenübersehen, das ihnen jede weitere wissenschaftliche Arbeit nahezu unmöglich macht. Geologen, die den Theorien des Universalforschers Thomas Gold vom abiotischen Ursprung des Erdöls nachhängen, droht dasselbe Schicksal. Der geniale Physiker Brian Josephson, der mit 22 Jahren ein Papier zum Stromfluss in Supraleitern veröffentlichte und dafür 1973, mit 34 Jahren, den Anruf aus Oslo erhielt, hat ein Forschungsfeld entdeckt, das selbst einen Nobelpreisträger wie ihn für seine Kollegen zum Spinner werden lässt: Er möchte die Existenz von Telepathie beweisen, mit Hilfe der Quantentheorie.

Doch für Querdenker gibt es in den etablierten Wissenschaften nur wenig Spielraum. Zwar gibt es auch in den Naturwissenschaften kaum absolute Wahrheiten, sondern oft einen mal mehr, mal weniger weichen Konsens über das, was wir als Realität verstehen. Aber wenn die große Masse der Wissenschaftler sich erst einmal auf eine Denkrichtung festgelegt hat, fehlt das wichtigste Element, um diesen Konsens weiterzuentwickeln: der Zweifel. Und wer nicht zweifelt, irrt.

Hagelstein, Gold und Josephson sind Opfer einer Dynamik, die der Psychologe Irving Janis zum ersten Mal beschrieb. Janis, Psychologe an der renommierten Ostküsten-Universität Yale, analysierte die schlimmsten Fiaskos der amerikanischen Außenpolitik. Eines war zum Beispiel die gescheiterte Invasion in der kubanischen Schweinebucht im April 1961: Der amerikanische Geheimdienst CIA und der Beraterstab von John F. Kennedy wollten die Regierung des kubanischen Staatschefs Fidel Castro stürzen. Ihr Plan war simpel – zu simpel, wie sich herausstellen sollte: 1400 Exilkubaner, von der CIA in Miami und Guatemala trainiert, sollten in der Schweinebucht auf Kuba anlanden und dort die neue, demokratische Republik ausrufen. Das kubanische Volk würde die Invasoren mit Jubel begrüßen und in einem Triumphzug auf Händen in die Hauptstadt Havanna tragen, wo die amerikanisch gesteuerte neue Regierung den bärtigen Revolutionär Castro zum Teufel jagen sollte.

Die Invasion scheiterte auf allen Ebenen. Kubas Armee besiegte die Angreifer schon vor der Landung am Strand der Schweinebucht. Fidel Castro versenkte angeblich eigenhändig, mit einem Kunstschuss aus einer Panzerhaubitze, eines der Kriegsschiffe der Amerikaner. Von seinen Landsleuten wurde er begeistert dafür gefeiert. Die kubanische Bevölkerung hatte nämlich keine Lust, nach mehr als einem halben Jahrhundert De-facto-Besetzung, auf noch eine weitere Marionettenregierung der USA. Castro schlug die Amerikaner vernichtend und gilt allein dafür bis heute in Lateinamerika als Held.

Im August 1961 schickte Che Guevara dem amerikanischen Präsidenten Kennedy eine Nachricht: »Danke für die Schweinebucht. Zuvor war die kubanische Revolution schwach. Jetzt ist sie stark.«

»Wie konnte ich nur so dumm sein?«, fragte sich John F. Kennedy nach der gescheiterten Invasion, die er später als einen »kolossalen Fehler« bezeichnete. Mitarbeiter erinnern sich, dass er nach dem Desaster den Tränen nahe war und zeitweise in Depressionen verfiel.

Was war passiert? Kuba war für die Amerikaner nur zwei Jahre nach der Castro-Revolution noch vertrautes Gelände, der amerikanische Geheimdienst CIA zudem auf Kuba gut vertreten und aktiv. Die Risiken des Einmarschs waren also durchaus bekannt. So hatten einzelne Berater des Präsidenten durchaus massive Einwände gegen die geplante Invasion. Arthur Schlesinger etwa legte die Argumente gegen einen Einmarsch in einem Memorandum an John F. Kennedy dar. In den Teambesprechungen aber schwieg er – wie alle anderen Zweifler auch.

So entstand bei den anderen schweigenden Gegnern und bei den Unentschiedenen der Eindruck, dass die Gruppe sich praktisch schon für den Angriff entschieden hatte. Zweifler meldeten sich nicht zu Wort, um die Übereinstimmung in der Gruppe nicht zu stören. Als Kennedy in der entscheidenden Sitzung die Berater einzeln auf Ja oder Nein festlegte, fragte er Schlesinger ausdrücklich nicht – schließlich wusste er ja von dessen Widerstand. Später klagte Schlesinger: »In den Monaten nach der Invasion in der Schweinebucht habe ich mir viele Vorwürfe gemacht, weil ich in diesen Kabinettssitzungen geschwiegen hatte. Ich kann mein Versagen nur damit erklären, dass das Bedürfnis, diesen Schwachsinn aufzudecken, von den Umständen der Diskussion unmöglich gemacht wurde.«

Der Yale-Psychologe Irving Janis analysierte die Entscheidung und machte die Dynamik in den Teamsitzungen des Beraterstabes für den kollektiven Fehlschluss verantwortlich. Er prägte dafür den Begriff »Gruppendenken« und definierte dieses als eine »Art des Denkens, der Menschen dann besonders verhaftet sind, wenn in einer kohäsiven Gruppe das Bemühen um Übereinstimmung so stark in den Vordergrund tritt, dass es die realistische Einschätzung alternativer Handlungsmöglichkeiten tendenziell überlagert«. Wenn das Bedürfnis zu stark wird, einer in sich einigen Gruppe anzugehören, dann wird Teamarbeit kontraproduktiv, weil sie schwerwiegende Fehlentscheidungen produziert, die ein klar denkender Einzelner so nie getroffen hätte. So entstehen tödliche Fehler: Bei der Invasion in der Schweinebucht starben mehr als 300 Menschen auf beiden Seiten.

Janis definierte Gruppendenken mit Hilfe von acht Merkmalen, die sich teils gegenseitig verstärken und damit das Ausbrechen aus der Gruppe erschweren. An erster Stelle steht das gemeinsame Gefühl von Stärke bis hin zur Unbesiegbarkeit, das die Mitglieder der Gruppe dazu verleitet, viel zu hohe Risiken einzugehen. Insgeheim hielten es Kennedy und seine Berater wohl schlicht für unmöglich, dass die Supermacht USA von einer Zuckerinsel in der Karibik militärisch blamiert werden könnte. Dazu kommt zweitens die kollektive Rechtfertigung der Handlung und drittens der Glaube an die inhärente moralische Überlegenheit. Schon diese ersten drei Kriterien – man glaubt, das Richtige zu tun, versichert sich dessen immer wieder gegenseitig und hält sich für unüberwindbar stark – reichen oft aus, um schwache oder zweifelnde Gruppenmitglieder auf die Seite der vermeintlichen Mehrheit zu ziehen.

Eine Gruppe, die sich so einig fühlt, lässt sich auch durch Fakten nicht umstimmen, die im Widerspruch zur gemeinsam gefassten Meinung stehen. Als viertes Merkmal des Gruppendenkens charakterisierte Irving Janis die stereotype Abwertung von Ansichten und Informationen, deren Ursprung außerhalb der Gruppe liegt und die womöglich im Widerspruch zum Konsens liegen. Nachrichten, die den Konsens gefährden könnten, kommen damit von einer Quelle, die als »feindlich« betrachtet wird. Deswegen sieht die Gruppe keinen Grund, den Widerspruch aufzulösen, der aus dieser Information und dem Gruppenkonsens resultiert.

Eine Spirale setzt sich in Gang: Die Gruppe fühlt sich sicher und im Recht und wird durch Kritik von außen – von feindlichen Quellen – in ihrem Konsens eher noch bestärkt. Schließlich nehmen die Mitglieder des Zirkels auch ihre eigenen Zweifel nicht mehr ernst, oder sie wagen es nicht, sie in der Gruppe vorzutragen. Diese Selbstzensur (Merkmal fünf) führt zur Illusion der Einstimmigkeit (Merkmal sechs). Eine »warme Clubatmosphäre« zeichnet die Stimmung in solchen Kreisen aus, hat der Psychologe Janis beobachtet: Man scheint sich blendend zu verstehen, klopft sich gegenseitig auf die Schulter und versichert sich immer wieder der Gemeinsamkeit (auch wenn man insgeheim Zweifel an der Entscheidung der Gruppe hegt).

Nur eines kann diesen Kuschelkonsens ins Wanken bringen: Quertreiber, die Zweifel streuen. Querdenker, die ihre Überzeugungen nicht um des Gruppenfriedens willen verraten können oder wollen.

Eine Gruppe, die fest gefügt ist, lässt sich jedoch nicht ohne Weiteres aus dem Gleichgewicht bringen. Konsens wird mit der Frage nach Loyalität verknüpft; die Gruppe folgt dem Motto: »Wer nicht für uns ist, ist gegen uns.« Das ist das siebte Merkmal des Gruppendenkens: Die Gruppe übt Druck auf Querdenker aus. Es ist eine Immunreaktion der Gruppe, die den Konsens vor Zweiflern schützt, die Widerspruch im Keim ersticken soll. Einige Gruppenmitglieder schwingen sich zu Konsenswächtern auf (achtes Merkmal); sie sind die Revolutionsgarden des Konsens, die Quertreiber einschüchtern und dem Oberhaupt der Gruppe das Gefühl geben, dass es gar keine ernstzunehmenden Zweifel an seiner und der vermeintlichen Mehrheitsmeinung gibt.

Wie notwendig diese Mechanismen sind, um einen Konsens zu beschützen, zeigt das Experiment des Psychologen Solomon Asch, jenen »Sehtest« aus Kapitel 1, wo Probanden die beiden gleichen aus vier verschieden langen Strichen identifizieren sollten. Dort hatte der Druck der Gruppe ja dazu geführt, dass die Testpersonen zu mehr als 30 Prozent falsche Antworten gaben. Dieser Gruppendruck ließ aber stark nach, sobald auch nur eine Person aus dem Konsens ausscherte. Hatte die Testperson auch nur einen Verbündeten, waren 90 Prozent der Antworten richtig. Offenbar macht es uns nichts aus, eine Minderheitsmeinung zu vertreten – solange wir nicht die Einzigen sind. Die Forschungen zeigen, wie schwer es Querdenkern fällt, *allein* eine radikal neue Meinung zu vertreten. Ohne Verbündete haben sie kaum eine Chance, den Konsens aufzubrechen.

Aber warum reagiert eine Gruppe überhaupt so aggressiv gegen Quertreiber? Warum können wir Dissens nicht besser aushalten, und warum ertragen wir es so schwer, allein zu stehen? Weil wir glauben, ohne die Gruppe nicht überleben zu können. Für Hunderttausende von Jahren in der Menschheitsgeschichte war dies auch so: Wer von der Gruppe allein gelassen wurde, war dem sicheren Tod ausgeliefert. Das prägt uns bis heute. Menschen sind soziale Wesen, die ihr Selbst nicht allein aus sich heraus begründen. Wir definieren uns vor allem aus unseren Beziehungen heraus, formen unser Selbstbild auch daraus, wie andere auf uns reagieren. Es ist die Furcht vor sozialer Isolation, die uns dazu treibt, unsere Ideen zu verraten – und die uns davon zurückhält, neue Wege zu gehen.

Nach dem Fiasko in der Schweinebucht überdachte John F. Kennedy die Entscheidungsprozesse in seinem Beraterkreis. Er schuf eine »Dissenskultur« (worauf wir im fünften Kapitel eingehen), wies die Konsenswächter in die Schranken, ermutigte Dissidenten zum Widerspruch. Es war diese Diskussionskultur, die die Welt während der Kubakrise, anderthalb Jahre nach der gescheiterten Schweinebucht-Invasion, vor einem Atomkrieg bewahrte.

Im Oktober 1962 entdeckten amerikanische Spionageflugzeuge, dass die Sowjetunion offenbar dabei war, Atomraketen auf

Kuba zu stationieren. Kennedys erster Impuls war es, die Abschussrampen zu bombardieren, wozu ihm auch die Generäle seiner Streitkräfte rieten. Anderthalb Jahre zuvor hätte es womöglich keiner der engen Berater Kennedys gewagt, diesen machtvollen Konsens in Frage zu stellen. Doch nun war es Kennedy selbst, der über Alternativen debattieren wollte. Schließlich stellte er dem sowjetischen Staatschef Nikita Chruschtschow ein Ultimatum, und der lenkte ein. Erst 40 Jahre später, bei einem Treffen von Veteranen der Auseinandersetzung auf Kuba, wurde klar, wie knapp der Krieg vermieden wurde. Die Sowjetunion hatte bereits sogenannte taktische Nuklearwaffen auf der Insel stationiert, von denen die amerikanischen Streitkräfte jedoch nichts wussten. Hätten die USA angegriffen, wie von den Generälen gefordert, hätte der Konflikt unausweichlich zu einem Atomkrieg geführt.

Nachdem Irving Janis seine Forschungen zum Gruppendenken präsentiert hatte, wurde der Begriff zum Synonym für Fehlentscheidungen, die auf mangelnde Diskussionskultur und »Bunkermentalität« zurückzuführen sind. Dennoch hat die solide Forschung zur Gruppendynamik nicht dazu geführt, das Problem aus der Welt zu schaffen. Klassische Beispiele für Gruppendenken mit fatalen Konsequenzen finden sich bis in die jüngste Vergangenheit: Während der Watergate-Affäre hatte sich der innere Zirkel der Nixon-Regierung verschanzt und gegen Zweifel an der Legalität ihrer Abhöraktionen immunisiert. Die amerikanische Challenger-Raumfähre explodierte am 28. Januar 1986 kurz nach dem Start und riss sechs Astronauten und die mitfliegende Lehrerin Christa McAuliffe in den Tod. Tags zuvor hatten Ingenieure auf mögliche Probleme mit Dichtungen an den Feststoffraketen hingewiesen, waren aber nicht gehört worden. Die Nasa hatte bis dato noch nie ein tödliches Raumfahrtunglück zu beklagen gehabt und war sich ihrer Sache zu sicher gewesen.

Am 1. Mai 2003 ließ sich der damalige US-Präsident George W. Bush auf den Flugzeugträger USS Abraham Lincoln fliegen, der gerade aus dem Persischen Golf zurückgekehrt war. Vor einem Banner mit der Aufschrift »Missions Accomplished« (»Aufgabe erfüllt«) erklärte Bush, dass der Irakkrieg, der sechs Wochen zuvor begonnen hatte, im Wesentlichen vorbei sei. In Wahrheit standen den USA noch sieben lange Kriegsjahre bevor. Die Rede war ein Indiz für den Realitätsverlust der Strategen im Weißen Haus, die einen schnellen Feldzug mit minimalem Einsatz an Bodentruppen für möglich gehalten hatten. Der Konsens der Krieger war immun gegen Kritik und Warnungen von außen. Bush und seine Berater hatten sich gegenseitig eingeredet, die amerikanischen Besetzer würden von den Einheimischen sicher mit Jubel und Blumen begrüßt, die Kosten für die Invasion würden sich durch Zugang zu den irakischen Ölquellen rasch amortisieren, und das Land könnte durch tatkräftige Mithilfe der dankbaren Einheimischen in kurzer Zeit wieder aufgebaut werden. Offenbar bietet das Weiße Haus in Washington zu Zeiten ideale Bedingungen für »warme Clubatmosphäre« und Allmachtsphantasien und wenig Raum für Widerspruch.

Aber sind es wirklich allein die Berater des mächtigsten Mannes der Welt, die einem so mörderischen Gruppendruck ausgesetzt sind, dass sie am Ende blind werden für ihre eigenen Zweifel oder zu feige sind, diese Zweifel zu äußern? Natürlich nicht. Der Sozialpsychologe Robert Baron von der amerikanischen University of Iowa nahm sich 2005, mehr als 30 Jahre nach Janis' ursprünglicher Veröffentlichung, die Forschungen zum Gruppendenken vor. Sein Fazit: Gruppendenken ist viel weiter verbreitet, als Janis sich das je vorstellen konnte.

Janis hatte die Voraussetzungen für die fatale Gruppendynamik sehr hoch angesetzt und sich deswegen auf jene Zirkel konzentriert, deren exklusive Zugehörigkeit mit hohem sozialem Druck erkauft werden. Baron sagt dagegen, »nur wenige von uns waren je in Hyannis Port oder Camp David zum Mittagessen eingeladen«, der Sommerresidenz der Kennedys und dem Landsitz der regierenden amerikanischen Präsidenten, »und trotzdem vermute ich, dass die meisten von uns sich schon in sozialen Situationen wiederfanden, wo unsere persönliche Ablehnung einer Gruppenentscheidung beschwichtigt wurde durch den scheinbaren Konsens in dieser Gruppe. Oder wo wir unser Bedürfnis nach angenehmer sozialer Interaktion und sozialer Akzeptanz höher gewichtet haben als den Drang, unsere Einwände gegen eine kollektive Entscheidung bis ins Detail zu vertreten«.

Dabei spielt es keine entscheidende Rolle, ob der soziale Druck von Arbeitskollegen, von Glaubensbrüdern oder von Fremden erzeugt wird. Es ist noch nicht einmal nötig, dass alle Mitglieder im selben Raum sitzen, um Symptome von Gruppendenken zu erzeugen. Selbst eine hoch diversifizierte und spezialisierte wissenschaftliche Disziplin wie die Wirtschaftswissenschaften ist nicht gegen Gruppendenken mit allen fatalen Konsequenzen gefeit, wie die Monate vor der Finanzkrise im Jahr 2008 zeigen (mehr dazu im kommenden Kapitel).

Kurz gesagt: Nicht nur in einer »warmen Clubatmosphäre«, auch im kalten Konferenzraum oder in einer banalen Teambesprechung sind wir offenbar bereit, unsere Integrität zu verraten, um den Kuschelkonsens nicht zu gefährden.

Bei seinem Überblick über den Stand der Forschung zeichnet Robert Baron kein erfreuliches Bild von den Grundmustern unserer sozialen Interaktion. Gruppendiskussionen dienen demnach weniger dazu, Meinungen auszutauschen, sondern nur dazu, sich gegenseitig im (vermeintlichen) Konsens zu bestärken.

Und auch Teams und Gruppen in alltäglichen Situationen sind gnadenlos im Umgang mit Querdenkern: »Wer eine unabhängige Meinung vertritt, wird zuerst unter Druck gesetzt, dann ignoriert und gelegentlich bestraft dafür, dass er von der Mehrheitsmeinung abweicht.« Paradoxerweise werden Mitglieder *innerhalb* der Gruppe stärker angefeindet und sogar herabgewürdigt, wenn sie sich querstellen, als wenn diese Meinung von einem Gruppenfremden vertreten wird. Die jüngere sozialpsychologische Forschung hat dafür den Begriff »Blacksheep Effect« geprägt, der sich besonders dann stark bemerkbar macht, wenn sich eine Gruppe ihrer selbst nicht ganz sicher ist. Als unbarmherzige Konsenswächter spielen sich dann vor allem jene auf, die sich besonders stark mit der Gruppe identifizieren und andere verdächtigen, es mangele ihnen am rechten Glauben.

Dabei ist auch hier die scheinbar unerschütterliche Mehrheitsmeinung oft eine Fata Morgana, ein Phänomen, das Baron unter dem Begriff »pluralistische Ignoranz« subsumiert: Jeder Einzelne in der Gruppe hat Bedenken gegen den Konsens, glaubt aber, er sei der Einzige. Das führt dazu, dass jedes Gruppenmitglied den Gruppenkonsens für stärker und radikaler hält, als er tatsächlich ist. Wie im Märchen von des Kaisers neuen Kleidern, wo alle Welt so tut, als sei der Regent *nicht* nackt. Viele – obwohl sie natürlich wissen, dass der Kaiser nichts trägt – gehen sogar so weit, die angeblich schönen Stoffe zu loben. Als der dänische Schriftsteller Hans Christian Andersen das Märchen 1837 aufschrieb, war es bereits mehr als 500 Jahre alt. Bei Andersen ist es ein unschuldiges Kind, das ausruft, der Kaiser sei doch nackt. Im spanischen Original dagegen sagt dies der schwarze Rossknecht – jener, der am untersten Ende der sozialen Skala steht, nichts mehr zu verlieren hat und dafür ohne Angst die Wahrheit sagen kann.

Die psychischen Kosten, die ein Querdenker für sein Aufbegehren gegen den Konsens bezahlt, sind erheblich. Wer geächtet wird, erleidet »Depression, Einsamkeit, Beklemmung, Frustration und das Gefühl, unsichtbar und hilflos zu sein«, schreiben die Psychologen Kipling Williams, Christopher Cheung und Wilma Choi von der University of New South Wales im Jahr 2000 in einem Papier über die negativen Folgen von Verbannung. Es sind Gefühle, wie sie auch dem Physiker Peter Hagelstein nicht fremd sind, der als begehrter und umworbener Jungstar in seine Karriere gestartet war und heute als Geächteter gilt. Dieselben Symptome stellten die Psychologen Williams, Cheung und Choi bei 1486 Teilnehmern einer Studie fest. Und das, obwohl diese der zwanglosesten aller möglichen Gruppen angehörten: Sie waren Teilnehmer an einem banalen Online-Spiel und warfen im Internet einander virtuelle Frisbee-Scheiben zu. Kein Spieler kannte den anderen persönlich, noch würde irgendjemand je einen Mitspieler wiedertreffen, und dennoch: Als die Psychologen begannen, einzelnen Teilnehmern gezielt *keine* Scheiben mehr zuzuwerfen, reagierten diese mit Frust und zeigten ein deutlich niedrigeres Selbstwertgefühl.

Aber warum lassen wir uns von einer Gruppe einschüchtern, deren Mitglieder wir nicht kennen, die keine gemeinsamen Ziele verfolgt, der wir uns womöglich nicht einmal wirklich zugehörig fühlen? Weil Ausgrenzung zu den elementaren sozialen Interaktionsmustern gehört: Sie wird bei Tieren beobachtet, bei primitiven und hochentwickelten Gesellschaften, bei Kindern und unter Angehörigen einer Militärakademie, in Schulen, Universitäten und Glaubensgemeinschaften.

Die Verbannung hat eine lange Kulturgeschichte: Der englische Begriff »ostracism« leitet sich vom griechischen »Ostrakismos« ab, dem Scherbengericht. In der frühen Demokratie Athens konnte jeder Bürger für zehn Jahre verbannt werden, wenn auf einer öffentlichen Versammlung mindestens 6000 Menschen seinen Namen auf eine Tonscherbe ritzten (Tonscherben waren ein Abfallprodukt und weitaus billiger als Papyrus) und die Scherbe dann in eine Urne warfen. Der Verbannte musste sich gar nichts zu Schulden kommen lassen; es genügte der Wille der Mehrheit, um ihn aus der Gruppe auszuschließen.

»Ausgrenzung bedroht vier grundlegende menschliche Bedürfnisse: Zugehörigkeit, Selbstwert, Kontrolle über das Leben und Lebenssinn«, begründen die australischen Psychologen die negative Macht der Ächtung. Ausgrenzung, argumentieren die Psychologen, ist eine Metapher dafür, wie das Leben wäre, wenn es uns nicht gäbe – »eine schmerzlich empfundene Erinnerung daran, wie fragil das Leben ist«. Auch deswegen wird Ausgrenzung als »sozialer Tod« beschrieben.

Die Studie von Williams, Cheung und Choi gehört zu den ersten, die soziale Dynamik in der Online-Welt erforscht; doch in der Zeitrechung des *social web*, des sozial vernetzten Internet, stammt sie aus dem Pleistozän. Facebook und ähnliche Netzwerke bieten ein wesentlich brutaleres Instrument sozialer In- beziehungsweise Exklusion, mit einem verfeinerten Arsenal von Werkzeugen zur sozialen Abstrafung: Wie fühlt sich ein junges Mädchen, das feststellt, dass es plötzlich *nicht* mehr auf der Freundesliste einer vermeintlich guten Freundin steht oder nicht zu einer begehrten Kleingruppe eingeladen wird? Was sagt es über unseren sozialen Status aus, wenn wir Urlaubsfotos in unserem Profil posten – und niemand sich die Mühe macht, sie zu kommentieren oder auch nur auf den Knopf »Gefällt mir« zu klicken?

Ausgangspunkt der Studie von Williams, Cheung und Choi war, dass Internet-Nutzer offenbar anfälliger sind für Depressionen und Einsamkeit – obwohl sie online vermeintlich mit der ganzen Welt im Kontakt sind. Ein Grund dafür könnte sein, dass es der Online-Kommunikation an einer wichtigen Komponente der sozialen Interaktion gebricht, dem Kontakt von Angesicht zu Angesicht. Zwar erlaubt es das Netz, gleichzeitig mit vielen Menschen in Kontakt zu kommen – das klassische Beispiel der alten Schulfreunde, die sich via Facebook wiederfinden, oder der lockere E-Mail-Austausch mit ehemaligen Arbeitskollegen, die ins Ausland ausgewandert sind –, doch ohne die Instrumentarien der Mimik und der Sprachmodulation bleibt viel Raum für Missverständnisse. Ein schlechter Scherz in einem Chat unter Freunden wird vom Gegenüber nicht als Scherz wahrgenommen, weil er das nonchalante Lächeln nicht sehen kann, mit dem der Scherz vorgetragen wird. Bleibt die Antwort aus, fürchtet der Scherzende, den anderen verärgert zu haben – auch wenn dieser sich womöglich nur gerade ausgeloggt hat oder die Internetverbindung zusammengebrochen ist.

Für Querdenker bietet das Internet nicht nur eine neue Dimension der sozialen Exklusion. Auch auf andere Weise macht es ihnen das Netz eher schwer: Gerade weil das Internet die Welt umspannt, lässt es weniger Raum für Nischen, in denen, unbeeindruckt vom Rest der Welt, Ideen heranreifen und Kraft gewinnen können, bevor sie sich der Macht der Masse stellen. Schon der enthusiastische Geologe Thomas Gold äußerte die Vermutung, dass der Eiserne Vorhang zwar die sowjetischen Wissenschaftler von der Forschung ihrer westlichen Kollegen abschnitt, dadurch aber auch zuließ, dass sich dort andere Denkrichtungen entwickelten. Nach dem Fall der Mauer und dem Zusammenbruch der Sowjetunion waren die Disziplinen international vernetzt – was am Ende mehr Macht für die Mehrheitsmeinung bedeutet.

Im Internet vervielfältigt sich dieser Effekt. »Eine Überfülle an Verbindungen, über die Information zu billig ausgetauscht wird, kann zu einer Verringerung von Vielfalt führen, Gruppendenken begünstigen und verhindern, dass radikal andere Ideen Fuß fassen«, schreibt der Netz- und Rechtsexperte Viktor Mayer-Schönberger von der Lee Kuan Yew School of Public Policy an der National University of Singapore. Mayer-Schönbergers Lösung zu diesem Problem scheint in Zeiten des »always on« wahrhaft radikal: Es gelte, die soziale Verbindung jener, die an einem Projekt arbeiten, zu verringern.

Das klingt kontra-intuitiv. Denn bietet nicht gerade das Internet die ideale technische Basis für den weltweiten Austausch von Ideen, ist es nicht mit Billionen Websites, Milliarden von Nutzern und Millionen von User-Gruppen ein Sinnbild für Vielfalt? Nicht unbedingt, argumentiert Mayer-Schönberger in einem Beitrag für das Wissenschaftsmagazin »Science«, in dem er die Entwicklung von »Open Source«-Software untersucht, einem der Vorzeigeprojekte der Netz-Enthusiasten. Open Source gilt als anarchisch-demokratisches Gegenmodell zum Geschäft der kommerziellen Giganten. Während Apple und Microsoft ihre Software in Labors entwickeln lassen, die ähnlich abgeschottet sind wie das Atomprogramm Nordkoreas, wird Open Source in Foren gemeinsam von ehrenamtlichen Software-Designern und engagierten Usern entwickelt und weiterentwickelt. Dieser Prozess eignet sich gut, um kleine Macken auszubügeln, die jede Software bei ihrer Veröffentlichung unweigerlich aufweist – Tastaturbefehle, die nicht richtig funktionieren, oder Sicherheitslücken, die Hackern ein Einfallstor für Schadsoftware bieten.

Doch die kollektive Entwicklungsarbeit bleibt, da mehrheitsbestimmt, zutiefst konservativ, Verbesserungen sind inkrementell, und radikale Neuerungen setzen sich nicht durch. Mayer-Schönberger begründet dies damit, dass sich der Wert einzelner Verknüpfungspunkte in einem Netzwerk nicht automatisch aus der Masse der Verknüpfungen ergibt, die dieser Punkt mit sich bringt – sondern daraus, ob er eine »strukturelle Lücke« überbrückt. Sinnbildlich lässt sich dies mit der Population einer bestimmten Tierart auf einer Flussinsel vergleichen: Mit der Zeit wird es immer schwerer für paarungswillige Exemplare, auf der Insel noch Partner mit »frischem« Genmaterial zu finden. Das wäre erst möglich, wenn es einem Tier gelänge, eine Brücke über den Fluss zu bauen und so die »strukturelle Lücke« zu schließen. In der Welt der Open-Source-Entwickler würde das bedeuten, dass radikale Neuerungen zum Beispiel dann möglich wären, wenn sich eine Köchin in das Forum verirrte, die ihren Webbrowser allein dazu benutzt, Rezepte aufzurufen – und wenn es dieser Köchin dann gelänge, in einen sinnvollen Dialog mit den versammelten Nerds einzutreten.

Das ist aber nicht nur deswegen schwierig, weil längst der Braten im Ofen verbrannt wäre, bis Köchin und Nerds eine gemeinsame Sprachregelung gefunden hätten. Sondern auch deswegen, weil Internetforen oft großen Wert auf ihre (virtuelle) »warme Clubatmosphäre« legen. Zudem liegt im Internet mit all seinen Möglichkeiten zur Anonymisierung die Hemmschwelle dafür, Querdenker auszugrenzen, zu verhöhnen und zu verbannen, wesentlich niedriger als etwa im Oval Office des Weißen Hauses (was jedenfalls zu hoffen ist). Wer es wagt, in einem Forum für Macintosh-Enthusiasten die Vorzüge von Windows zu preisen (oder umgekehrt), kann sich nur wundern, wie viel ungefilterter Hass einem von Menschen entgegenschlägt, die ihre Tiraden hinter fröhlich klingenden Spitznamen verstecken. Und wer einmal eine Nacht lang versucht hat, in einer hitzigen Diskussion in einem Forum über tiefgreifende politische oder soziale Themen eine Minderheitsmeinung zu vertreten, wird sich noch tagelang fühlen, als wäre er als Besucher eines Fußballspiels aus Versehen in den Fanblock mit den Ultras der gegnerischen Mannschaft geraten.

Wie reagieren wir also auf den sozialen Druck in der virtuellen Welt? Genauso wie auch im dreidimensionalen, realen Leben: Wir passen uns an. Williams, Cheung und Choi ließen Probanden ihrer Studie, die bereits einmal in die virtuelle Verbannung geschickt worden waren, an neuen Gruppen teilnehmen. Dort zeigten sich die gebrannten Kinder als brave Foren-Bürger, die mit den Wölfen heulten und ihre divergente Meinung lieber für sich behielten; auch dann, wenn sie sich eigentlich gar nicht besonders mit den Ideen der Gruppe identifizierten. Sie zeigten eine Konformität, die die australischen Psychologen mit jener im Asch-Experiment (jenem mit den drei Linien und den wissentlich falschen Antworten der anderen »Testpersonen«) verglichen. Es war der Anpassungswille desjenigen, der Angst davor hat, aus der Gruppe herauszufallen. Wer einmal das virtuelle Scherbengericht über sich ergehen lassen musste, hat offenbar wenig Lust, sich noch einmal als Querkopf mit schrägen Ideen zu profilieren.

Wie lässt sich diese schafshafte Unterordnung unter den Herdenkonsens mit den Werten der westlichen Welt in Einklang bringen? Wir pochen auf unsere Individualität und halten uns für unverwechselbar, halten Originalität für erstrebenswert. Wer sich anpasst, gilt als schwach, als Konformist. Wir bauen die Denkmäler nicht jenen, die jederzeit mit jedem Kompromisse schließen. Aufs Podest heben wir die Ikonoklasten, die Dogmata stürzen, die unbeirrt ihren Weg gehen. Einstein streckt die Zunge heraus: Sinnbild für einen freien, frechen, unzähmbaren, genialen Geist.

»Natürlich, wir alle lieben Querdenker!«, sagt Elliot Aronson, lacht heiser und ergänzt spöttisch: »Wenn sie mindestens seit

50 Jahren tot sind.« Aronson gehört zu den Pionieren der modernen Sozialpsychologie; sein Standardwerk »The Social Animal« wird seit 40 Jahren ununterbrochen immer wieder neu aufgelegt. Es sei kein Wunder, sagt Aronson, dass wir Querdenkern das Leben so schwer machen. »Menschen mögen es nicht, Dinge zu sehen oder zu hören, die im Widerspruch zu ihren innersten Überzeugungen und Wünschen stehen. Schon in der Antike wurde dem Überbringer der schlechten Nachricht der Kopf abgeschlagen.«

Aber warum sollten wir es als »schlechte Nachricht« empfinden, Neues zu erfahren, unseren Blick auf die Welt damit zu weiten? Nur dadurch ist es schließlich möglich, zu lernen, zu wachsen, als Mensch zu reifen.

Das Problem ist jedoch, dass wir unser Weltbild oft aus mehr oder weniger faulen Kompromissen zusammenzimmern. Wir wissen, dass Rauchen schädlich ist oder fettes Essen ungesund, und rauchen dennoch oder greifen in die Chipstüte. Wir nehmen uns vor, endlich auf den Tisch zu hauen, und sagen dann doch nur wieder lächelnd, klar, Chef, mach ich doch gern. Wir kennen das Klimaproblem und nehmen dennoch das Flugzeug in den Urlaub. Welthunger, Massentierhaltung, Kinderarbeit: Wir kennen die Ursachen und wollen trotzdem unseren Lebensstil nicht ändern.

Wir sind durchaus in der Lage, diese Widersprüche zu erkennen, und sie erzeugen in uns Unbehagen. Die Sozialpsychologie bezeichnet dieses Unbehagen als »kognitive Dissonanz«, einen Missklang in unserer Wahrnehmung und »ein Gefühl, das so elementar unangenehm ist wie Hunger oder Durst«, sagt Elliot Aronson. Um diesen Widerspruch wieder in Einklang zu bringen, bauen wir uns Erklärungsmodelle für unser unlogisches Verhalten. Wir errichten ein moralisches Gerüst, das robust genug ist, andere für ihre Fehler zur Ordnung zu rufen, aber flexibel genug, um Raum zu lassen für unsere eigenen Verfehlungen. »Das hilft uns, nachts ruhig zu schlafen«, erklärt Aronson. Das funktioniert bei kleinen Verstößen gegen unseren Kodex – die verstohlene Zigarette auf dem Balkon – ebenso gut wie bei weltverändernden Fehlschlägen, die Tausende Menschen das Leben kosten, wie Elliot Aronson erklärt: »Ich bin überzeugt, dass George W. Bush auch noch ruhig schlafen konnte, nachdem der Einmarsch in den Irak ganz offensichtlich gescheitert war.«

Querdenker sind in dieser Situation das Letzte, was wir gebrauchen können. Sie rütteln an dem Gerüst, auf dem unser Weltbild ruht, und weisen uns darauf hin, dass das Ganze keinen sehr stabilen Eindruck macht.

Im sozialen Umfeld potenziert sich dieser Effekt. Wenn wir eine neue Religion begründen, mag es sein, dass wir sie frei nach unserem Glauben gestalten; wenn wir uns aber einer Religion (oder einem Macintosh-Forum) anschließen, ist es wahrscheinlich, dass wir dafür einige Kompromisse in Kauf nehmen. Wir wissen, dass unsere liberale Sicht auf homosexuelle Ehen in der katholischen Kirche keinen Platz hat. Oder dass unsere Erkenntnis, dass Apple-Computer an ihrer Leistung gemessen viel zu teuer sind, im Mac-Forum nicht goutiert wird. Wir geben dem Druck nach.

Wenn wir selbst derart hohem Gruppendruck ausgesetzt sind, sollten wir eigentlich froh sein, wenn jemand die scheinbare Harmonie der Gruppe stört und uns so vom Zwang befreit, uns unterzuordnen, um nicht allein dazustehen. Doch das Gegenteil ist der Fall: Gerade weil wir unsere wahre Überzeugung für die Gruppe aufgegeben haben, hassen wir die Querdenker dafür, dass sie uns daran erinnern, dass wir den Konsens womöglich selbst zunächst nicht überzeugend fanden. Umso mehr feinden wir die Störenfriede an.

Dafür gibt es zwei Gründe. Zum einen sind wir, um unsere Selbstachtung aufrechtzuerhalten, auf ein positives Selbstbild angewiesen. »Dazu gehört, dass wir uns als integre, wahrhaftige Menchen begreifen«, so Elliot Aronson. Wir lassen uns nicht gern mit der Nase darauf stoßen, dass wir scheinheilig im Privaten die eine, in der Gruppe aber vielleicht eine ganz andere Meinung vertreten. Der zweite Grund ist komplexer; er beruht auf einer Theorie, mit der Elliot Aronson die Sozialpsychologie vor einem halben Jahrhundert erschütterte: der Theorie, dass wir etwas umso mehr schätzen, je unerfreulicher, schmerzhafter oder gar erniedrigender die Prozedur war, die wir durchlaufen mussten, um es zu erreichen.

Die Idee widersprach der gängigen Verstärkungstheorie, wonach wir all jene Dinge hoch schätzen, die mit positiven Gefühlen verbunden sind, und alles meiden, was uns Schmerzen, Angst oder Unbehagen verursacht. Die Verstärkungstheorie erklärt das klassische Verhalten einer Laborratte, die lernt, aus welcher Klappe das Futter kommt und an welcher Ecke ein Stromschlag lauert.

Aber Menschen, fand Elliot Aronson, sind da erheblich komplexer. Er erweiterte die Theorie der kognitiven Dissonanz, um seinen Ansatz zu erklären: »Die Vorstellung, ›jetzt habe ich all das durchgemacht, um an diese Sache heranzukommen‹, ist grob dissonant mit allen negativen Aspekten dessen, was wir erreicht haben. Also betonen wir vor uns selbst die positiven Aspekte der Sache und vernachlässigen die negativen, um sie noch attraktiver erscheinen zu lassen.« Wenn wir 1000 Euro für eine Pauschalreise bezahlt haben, mäkeln wir am Essen, am Hotelzimmer, am Service herum. Haben wir aber vier Jahre lang gespart, um uns für 10 000 Euro eine Polarkreuzfahrt zu gönnen, sind wir geneigt, die Reise von Anfang bis Ende für das Größte zu halten, was wir je erlebt haben.

Für die Interaktion in der Gruppe bedeutet das: Je schwieriger und womöglich gar erniedrigender es war, Mitglied der Gruppe zu werden, umso mehr betonen wir das Positive an unserer Mitgliedschaft. Darauf bauen Initiationsriten wie Ekelproben in Jugendbanden oder das rituelle gegenseitige Verprügeln amerikanischer Frontsoldaten im Afghanistan-Krieg. Aber der Mechanismus greift auch im informellen Kreis: Sollten wir unsere Überzeugung verraten haben, um uns der Gruppe zu beugen, suchen wir uns eine rational befriedigende Erklärung dafür, die die Vorzüge der Gruppe besonders herausstellt. Wir werden zu eingeschworenen Mitgliedern der Gruppe, und wenn andere den Gruppenkonsens in Frage stellen, verteidigen wir plötzlich, was wir vorher selbst für fraglich hielten. Wir werden womöglich gar zu Konsenswächtern: Die schärfsten Kritiker der Elche waren früher selber welche.

Als Elliot Aronson seine Theorie 1958 zunächst vor den Mitstudenten an der Stanford University ausbreitete, lachten sie ihn aus. Aronson ließ sich nicht irritieren und präsentierte die Idee seinem Professor Leon Festinger, der nachgerade abweisend reagierte. Festinger war einer der Begründer der Theorie von der kognitiven Dissonanz, hatte diese eben erst veröffentlicht. Die Ideen Aronsons gingen ihm zu weit. »Es war die typische Reaktion, die Querdenker erleben«, erinnert sich Aronson, »erst versuchen die anderen deine Ideen in ihre Theorien einzupassen, und wenn das nicht klappt, reagieren sie abwehrend.« Festinger galt zudem als rau und aufbrausend und war bei seinen Studenten gefürchtet, aber Aronson ließ sich nicht beirren.

»Es ist eine menschliche Grundeigenschaft, dass wir, wenn wir an etwas glauben, widersprüchliche Ideen erst einmal als feindselig auffassen«, sagt Aronson. Selbst Festinger, der das Establishment der psychologischen Forschung herausgefordert hatte, war für neue Ideen nicht offener. Elliot Aronson lacht: »Sogar Querdenker werden irgendwann zur trägen Masse.«

Sie werden Opfer ihres eigenen Erfolgs: Sie werden zu den Silberrücken ihrer Disziplin, die ihre Vormacht gegen den lauernden Nachwuchs verteidigen müssen. Sie werden zu Experten. Im Expertentum kristallisiert sich der Forscherdrang zum Gelehrtentum; aus dem suchenden Blick wird der erhobene Zeigefinger. Stillstand ersetzt Bewegung.

Denn Experten stellen keine Fragen, sie geben Antworten. Und weil sie aufhören, Fragen zu stellen, beginnen sie zu irren; wie das folgende Kapitel zeigt.

4. Experten

WER NICHT ZWEIFELT, IRRT!

Es ist eine feindselige Zuhörerschaft, der Nouriel Roubini am 7. September 2006 gegenübertritt, und er hat schlechte Nachrichten. Roubini, 48 Jahre alt und Professor für Wirtschaftswissenschaften an der New York University, spricht vor Kollegen bei einem Treffen des Weltwährungsfonds. Er sieht, was außer ihm nur wenige sehen können oder wollen: Am Horizont zieht ein perfekter Sturm auf. In den folgenden Monaten, so Roubini, werde die Immobilienblase, die sich in den Jahren zuvor in den USA gebildet hat, unweigerlich platzen. Millionen Hausbesitzer können dann auf einen Schlag ihre Kredite nicht mehr abbezahlen, und die Risikoabsicherungen, die eigentlich diesen Ausfall abfedern sollen, werden versagen und die Krise nicht mildern, sondern verschlimmern. Das Finanzsystem wird in seinen Grundfesten erzittern. Panik droht. Das Ende ist nah, warnt Roubini: Hedgefonds werden untergehen, und mit ihnen womöglich ganze Banken. Sogar die riesigen Immobilienfinanzierer Freddie Mac und Fannie Mae seien in Gefahr. Alles in allem drohe die schlimmste Rezession seit der Weltwirtschaftskrise von 1929.

»Ich glaube, jetzt brauchen wir erst einmal einen Drink«, spottet der Moderator der Veranstaltung, als Nouriel Roubini vom Podium steigt.

Im Saal: Gelächter. Die amerikanische Wirtschaft brummt zu dieser Zeit, die Arbeitslosigkeit ist niedrig, und die Konsumenten konsumieren, was das Zeug hält. Roubini wirkt wie ein Reisender auf einem Kreuzfahrtschiff, der sich bei strahlendem Himmel und ruhiger See aus Angst vor möglichen Eisbergen die Rettungsweste überstreift. Keiner der Mitreisenden ahnt, dass dieses Schiff, das da so stolz durch die Wellen pflügt, die Titanic sein könnte. Zu gut ist die Stimmung unter den Ökonomen zu dieser Zeit. Die Risiken der Weltwirtschaft gelten als beherrschbar. Alan Greenspan, lange Zeit der übermächtige Vorsitzende der US-Notenbank und ein ewiger Optimist, erklärte schon 2004, »eine landesweite massive Verzerrung« der Hauspreise sei »sehr unwahrscheinlich« – während er zugleich den Markt mit billigem Geld flutete. Ein Jahr später sah er »ein bisschen Schaum« im Immobilienmarkt, aber definitv »keine Blase«. Auch einen Monat nach dem Vortrag von Roubini vor dem Weltwährungsfonds gibt sich der US-Finanzminister Henry Paulson weiter robust: »Ich habe ein gutes Gefühl, was die amerikanische Wirtschaft angeht, wirklich!« Es ist das Gefühl, unsinkbar zu sein.

Nouriel Roubini ist einer der wenigen, der konsequent die Partylaune stört. Er ist ein Querdenker, aber er gilt vor allem als Außenseiter, als pathologischer Pessimist, ein ewiger Prophet des Abschwungs: ein »Permabär«. Seit 2004 mahnt er, die Immobilienblase werde demnächst platzen. In seinem Blog schreibt er dunkel ahnungsvoll: »Hier wurden Sie zuerst gewarnt!« Mit seinem Auftritt vor dem Weltwährungsfonds verdient er sich einen weiteren Spottnamen; die »New York Times« nennt ihn fortan »Dr. Doom«, den Vordenker des Untergangs.

Dumm nur: Nouriel Roubini hat recht. So ziemlich alles, was Roubini an diesem 7. September 2006 vorhersagt, wird binnen der nächsten drei Jahre eintreten. Bis zuletzt weigern sich die Experten, die unausweichliche Katastrophe anzuerkennen. Noch im Juli 2008 behauptet der Budgetdirektor des Weißen Hauses, die USA habe eine Rezession abwenden können – da steckt die

Wirtschaft längst im Abschwung. Am 15. September 2008 geht Lehman Brothers bankrott, eine der größten Investmentbanken des Landes. Es folgt, was Roubini längst ahnte: Panik an den Börsen, eine tiefe Rezession, millionenhafter Bankrott von Hausbesitzern und Massenarbeitslosigkeit.

Roubini und die Finanzkrise werfen zwei entscheidende Fragen auf: Wie konnte es passieren, dass einer der am besten finanzierten Wissenschaftszweige – die Wirtschaftswissenschaften – so grandios versagte? Und wieso gelang es Nouriel Roubini, die Krise korrekt vorherzusagen?

Nouriel Roubini nennt sich einen »globalen Nomaden«, er spricht Persisch, Hebräisch, Italienisch und Englisch. Er war sein Leben lang ein Außenseiter, geboren in Istanbul als Kind iranischer Juden. Als er zwei Jahre alt war, zog seine Familie nach Teheran um, dann nach Tel Aviv und schließlich nach Italien. Dort wuchs er auf und studierte, bis er dann in die USA auswanderte, um an der Harvard-Universität zu promovieren.

Unter Kollegen galt Roubini als außergewöhnlich talentiert, aber auch als Forscher mit einer ungewöhnlichen Herangehensweise. Der Wirtschaftswissenschaftler Robert Shiller – einer der wenigen, der das Platzen der Immobilienblase ebenfalls vorhersah – sagt über Roubini: »Nouriel hat einen anderen Blick auf die Welt als andere Ökonomen: Er beschäftigt sich mit allen nur denkbaren Aspekten.« Von Anfang an begriff Roubini die Wirtschaftswissenschaften als Forschungsgebiet, das einen Blick für das große Ganze erforderte: Er beschäftigte sich auch, aber nicht ausschließlich mit der Mathematik, untersuchte stattdessen politische und wirtschaftliche Institutionen. »Wenn ich Indizien bewerte, beziehe ich mich auf Erfahrungen, die ich in 20 Jahren im Umgang mit ökonomischen Modellen gesammelt habe«, erklärte er dem Wirtschaftshistoriker Stephen Mihm. Diese subjektive Sicht entspricht, so Mihm, jedoch nicht dem wissenschaftlichen Ideal seiner Zeit. Moderne Ökonomen versuchen, das komplexe Weltgeschehen in mathematischen Formeln abzubilden, die sich auf einen Satz unangreifbar objektiver Daten berufen. Roubini dagegen schrieb ein Buch über den Umgang mit Wirtschaftskrisen in Schwellenländern: mehr als 400 Seiten ohne eine einzige mathematische Formel.

Die Bereitschaft, diesem ungewöhnlichen Ansatz treu zu bleiben, auch und gerade weil er zu Ergebnissen führte, die mit dem Konsens der Fachrichtung brachen, lässt Rückschlüsse auf den Charakter Nouriel Roubinis zu. Widerspruch war auch in der Kaste der Ökonomen nicht willkommen. Roubinis Kollege Robert Shiller räumte im November 2008 ein, dass er es nicht gewagt habe, an entscheidender Stelle Alarm zu schlagen, weil er sich einem Gruppenzwang unterworfen fühlte. Shiller berief sich dabei explizit auf die Theorie des »Gruppendenkens« nach Irving Janis. »Ich fühlte mich gezwungen, mich zurückzuhalten«, schreibt Shiller über seine Arbeit im Beraterstab der New Yorker Notenbank. »Ich warnte vor möglichen Blasen im Immobilien- und im Aktienmarkt, aber ich tat dies sehr behutsam. Ich fühlte mich durch die Außenseitermeinung angreifbar. Wer sich dem Konsens widersetzt, wird womöglich geächtet und schließlich gekündigt.«

In den 1990er-Jahren beschäftigte Nouriel Roubini sich ausgiebig mit Schwellenländern und deren Krisen, von denen es zuhauf gab. Erst brach die Wirtschaft in den asiatischen Tigerstaaten Thailand, Indonesien und Korea ein, dann 1998 in Russland und Brasilien und schließlich im Jahr 2000 in Argentinien. Immer wieder stieß Roubini auf ähnliche Mängel: Vor dem Zusammenbruch wiesen die meisten Länder ein starkes Leistungsbilanzdefizit auf, was bedeutet, dass sie wesentlich mehr konsumierten als produzierten. Um dies zu finanzieren, liehen sie Geld im Ausland. Die meisten Länder verfügten außerdem über eine schwache Finanzaufsicht, was dazu führte, dass viel zu viele schlecht abgesicherte Kredite vergeben wurden. Vetternwirtschaft war stärker als die Regulierungsbehörde. Das klassische Panorama einer Bananenrepublik.

Anhand der Daten und Erfahrungen, die er beim Studium der Schwellenländer gesammelt hatte, wollte Roubini herausfinden, welches Land wohl gefährdet war, als Nächstes zu kollabieren. Sein Blick fiel auf die USA: Ein gigantisches Handelsbilanzdefizit mit China belastete die Wirtschaft, die nur noch durch einen sinnlosen Konsum am Laufen gehalten werden konnte, der sich aus fiktiven Immobilienwerten speiste. Ehemalige Bankmanager an den Schaltstellen der Macht verhinderten eine effektive Regulierung. »Auf einmal begann die USA auszusehen wie das größte aller Schwellenländer«, erinnert sich Roubini. 2004 sieht er eine »albtraumhaft harte Landung« der amerikanischen Wirtschaft nach dem unvermeidlichen Platzen der Immobilienblase vorher.

Drei Voraussetzungen waren es also, die es Nouriel Roubini ermöglichten, quer zum ökonomischen Mainstream zu denken. Erstens – und das war vielleicht die wichtigste – war er bereit, seine Rolle als Außenseiter anzunehmen. Er war nicht der Einzige, der Zweifel an der wirtschaftlichen Stabilität der USA hatte, aber er war einer der wenigen, der seine Theorien vom bevorstehenden Kollaps standfest vertrat, egal ob beim Weltwirtschaftsforum in Davos oder vor dem Weltwährungsfonds – unerschütterlich auch angesichts der Tatsache, dass die Gemeinde der feixenden Kollegen ihn dafür mit immer neuen Spottnamen bedachte. (Mancher musste seitdem seinen Mund mit Seife auswaschen, und Roubini hat jedes bisschen Spott, das er in den Jahren erdulden musste, seit dem Absturz der Banken mit grimmigem Frohlocken zurückgezahlt. Nicht allen Querdenkern wird eine so umfassende Genugtuung zuteil.)

Zweitens verließ Roubini sich nicht auf das etablierte Modell der Ökonomie, wonach die Wirtschaft, ähnlich der Physik, mathematischen Gleichungen zu folgen hat, die das komplexe Geschehen beherrschbar erscheinen lassen. Und drittens bezog sich Roubini auf seine Erfahrung aus der Arbeit mit Schwellenländern. Er sah im wilden Auf und Ab der Märkte ein Muster, das ihm bedrohlich bekannt vorkam.

Das allein beantwortet aber noch lange nicht die zweite Frage, die sich aus dieser geschichtlichen Lektion ableiten lässt: Wie, um alles in der Welt, konnten die Wirtschaftswissenschaften so grandios scheitern?

Der erste Grund: Ökonomen sind äußerst schwach, wenn es um Schlechtwetterprognosen geht. Der Wirtschaftshistoriker Stephen Mihm verweist auf eine Studie, nach der der ökonomische Mainstream fast nie in der Lage war, eine Rezession vorherzusagen, auch wenn sie bereits unmittelbar bevorstand. Die Forscher hatten die Prognosen großer Gruppen von Ökonomen (dem jeweils herrschenden Konsens) in 60 Ländern untersucht, die in den 1990er-Jahren von einer Rezession betroffen waren. In 97 Prozent der Fälle waren die Wirtschaftswissenschaftler nicht in der Lage gewesen, das bevorstehende Schrumpfen der Wirtschaft abzusehen. Viele Ökonomen waren sogar zwei Monate vorher noch vollkommen ahnungslos. Und die wenigen Experten, die in der Lage waren, das Grummeln am Horizont richtig zu deuten, unterschätzten in der Regel die Schwere des bevorstehenden Gewittersturms.

Wie lange könnte sich ein Meteorologe im Amt halten, der jeden Abend fröhlich empfiehlt, »lassen Sie den Regenschirm ruhig zu Hause!«, weil er nur in der Lage ist, jedes 33. Regengebiet zu erkennen? Fairerweise muss man einräumen, dass die Märkte – anders als das Wetter – empfindlich auf Vorhersagen reagieren und die Auguren der Ökonomie daher zum Optimismus tendieren. Hat sich der Mainstream erst einmal darauf geeinigt, dass eine Rezession bevorsteht, kann sich die Prophezeihung leicht von selbst erfüllen.

Doch die eigentlichen Probleme liegen tiefer, und ihre Analyse lehrt einiges über die Macht der Mehrheit, das Mainstreaming von Meinungen und die Schwierigkeit von Querdenkern, gegen diesen Mainstream anzukämpfen.

Im Oktober 2008 trat Alan Greenspan vor einen Sonderausschuss des amerikanischen Repräsentantenhauses. Fast 20 Jahre lang hatte er die US-Notenbank geleitet, unter vier Präsidenten gedient und sich dabei den Spitznamen »Maestro« verdient. Greenspan galt als virtuoser Dirigent der Geldpolitik. Als er in einer Rede 1996 andeutete, dass der Höhenflug der Börse womöglich einem »unvernünftigen Überschwang« zu verdanken sei, fiel der Dow-Jones-Aktienindex um 145 Punkte; der relativ harmlose Kommentar hatte Abermilliarden Dollar Vermögen vernichtet.

Nach seinem zeitweise für magisch gehaltenen Gespür für die Märkte befragt, hatte er nur geantwortet: »Wenn man sich ein Leben lang mit der Wirtschaft befasst hat, sollte man ja wohl wissen, wie sie funktioniert.«

2005 hatte er argumentiert, dass die Finanzderivate – jene Instrumente, die später als »toxische Papiere« Geldhäuser in aller Welt zu vergiften drohten – zu einer »Resilienz« geführt hatten, einer neuen Widerstandskraft der Banken gegen Krisen. 2006 war er als einer der mächtigsten Männer der Welt in den Ruhestand getreten.

Doch nun, zwei Jahre später, lag das Lebenswerk Greenspans in Trümmern. Die Geldpolitik, die er jahrzehntelang vertreten hatte, hatte Banken in den Bankrott, das Land an den Rand des Ruins und Millionen Menschen in die Arbeitslosigkeit geführt. Mit dünner Stimme las der 82-Jährige den Kongressabgeordneten aus seinen vorformulierten Notizen vor. »Wir befinden uns in einem Kredit-Tsunami, der nur einmal in einem Jahrhundert passiert. Die Krise hat sich viel breiter dargestellt, als ich mir das je hätte vorstellen können.« Er befinde sich in einem Zustand »geschockter Verwunderung«: Nicht nur die Wirtschaft habe Schaden gelitten – das gesamte »intellektuelle Gebäude« der Ökonomie sei »kollabiert«, klagte Greenspan.

Der Vortrag sorgte für einige Verärgerung. »Greenspans Rede mag beim einen oder anderen den Eindruck hinterlassen haben, dass niemand in der Welt diese Krise hätte vorhersagen können«, schrieb der Yale-Professor Robert Shiller in einer wütenden Entgegnung. »Dabei ist es klar, dass viele sich bereits Sorgen machten, bevor die Preise 2006 zu fallen begannen. Die Notenbank nahm diese Warnungen einfach nur nicht ernst.«

Eine elegante Analyse zum Versagen der amerikanischen Wirtschaftswissenschaften stammt von Paul Krugman, Professor für Volkswirtschaftslehre an der Princeton-Universität, der 2008 mit dem Nobelpreis ausgezeichnet wurde. Eine zentrale These Krugmans: Die Ökonomen »verwechselten Schönheit mit Wahrheit«. Als Schönheit wurden die immer komplexeren mathematischen Formeln gewertet, die das Marktgeschehen abzubilden versuchten. »Bis zur Great Depression (von 1929) hielten die meisten Ökonomen am Glauben fest, dass Kapitalismus ein perfektes oder wenigstens fast perfektes System ist«, erklärt Krugman. Nach der Weltwirtschaftskrise, in deren Folge Millionen Menschen die Arbeit verloren und viele in Armut versanken, ließ sich diese Vision zunächst nicht aufrechterhalten. »Doch als die Erinnerung an die Great Depression verblasste, verliebten sich die Ökonomen erneut in das alte Ideal einer Wirtschaft, in der rational denkende Einzelpersonen in perfekten Märkten miteinander Handel treiben – nur dass das Ideal diesmal mit schicken Gleichungen aufgehübscht wurde.«

Die ätzende Beschreibung lässt ahnen, dass sich dahinter ein langgehegter Zorn nur mühsam verbirgt. Die Volkswirtschaftslehre in den USA ist seit langem gespalten: Krugman lehrt an der Princeton-Universität im Bundesstaat New Jersey und gehört der »Salzwasser-Fraktion« an, die an den Universitäten entlang der Atlantikküste (Harvard, Yale und Princeton) lehrt. Sie steht eher in der Tradition John Maynard Keynes' und plädiert für eine starke Fiskalpolitik. Die »Süßwasser-Ökonomen« stammen aus der Schule der University of Chicago (das an einem der großen Süßwasserseen der USA liegt) und vertreten einen neoliberalen Ansatz, der in den vergangenen Jahrzehnten die Geld-, Finanz- und Wirtschaftspolitik der USA dominiert hat. Die Süßwasserfraktion saß an den Schalthebeln der Macht und an den Geldtöpfen der Wall Street, während die Salzwasserfraktion ins Hintertreffen geraten war. Je mehr die Süßwasserökonomen an Macht gewannen, umso immuner wurden sie gegen Kritik.

Entscheidend für das Versagen war aber das Bedürfnis nach einer Art ökonomischer Weltformel, erklärt Krugman. »Es war die Sehnsucht nach einem allumfassenden, eleganten Ansatz, der den Ökonomen die Gelegenheit geben sollte, ihre mathematischen Fähigkeiten zur Schau zu stellen.« Diese »romantische Vision einer keimfreien Wirtschaft« war aber leider »blind gegenüber allem, was schiefgehen konnte« – blind gegenüber den Grenzen menschlicher Vernunft, die oft zu Blasen und zum Platzen dieser Blasen führen, blind gegenüber den Risiken zu schwacher Regulierung »und blind gegenüber allen Unzulänglichkeiten der Märkte, die dazu führen können, dass das System plötzlich und völlig unvorhersehbar zusammenbricht«.

Krugmans Fazit: Es wird den Ökonomen nichts anderes übrig bleiben, »als die Bedeutung der menschlichen Unvernunft zu akzeptieren; zu lernen, mit der Unordnung in den Märkten zu leben, und einzusehen, dass die Idee einer eleganten ökonomischen Weltformel in weite Ferne gerückt ist«.

Die größte Weltwirtschaftskrise seit fast 80 Jahren hat die Wirtschaftswissenschaften zu einem Zeitpunkt erwischt, als viele ihrer Vertreter glaubten, die entscheidenden ökonomischen Probleme lägen in der Vergangenheit. Dieses Verhalten ist durchaus typisch menschlich: Aus Fehlern in der Vergangenheit schließen wir nicht etwa, dass auch wir fehlbar sind, sondern glauben stattdessen, klüger zu sein als unsere Vorgänger. Obwohl die Vergangenheit »unfertig« war, behaftet mit Fehlern und Irrtümern, neigen wir dazu, die Gegenwart als »fertig« anzusehen – obwohl sie schon morgen wiederum unfertige Vergangenheit sein wird.

Hybris kommt vor dem Absturz. Die Situation in der Ökonomie hatte eine interessante historische Parallele: Ende des 19. Jahrhunderts hatte die Physik mit der Elektrodynamik ihre elegante, keimfreie Weltformel gefunden. Das Licht konnte in seiner Wellenform verstanden werden; alle großen physikalischen Probleme galten als gelöst, das »Ende der Physik« schien nah. Der Münchner Professor Philipp von Jolly riet dem späteren Nobelpreisträger Max Planck sogar davon ab, Physik zu studieren, weil es nichts mehr zu entdecken gebe. Wenig später stellte Albert Einstein mit der Speziellen Relativitätstheorie die Physik auf den Kopf.

Wer nicht zweifelt, irrt.

Der Wirtschaftswissenschaftler James Devine von der kalifornischen Loyola Marymount University hat einen autistischen

Sohn, dessen Wesenszüge – »eingeschränkte Interessen, sich immer wiederholendes stereotypes Verhalten«, gekoppelt mit einer Neigung zum Ausschluss der Außenwelt – ihn stark an das Verhalten der wirtschaftswissenschaftlichen Fachrichtung erinnern. James Devine attestiert seiner Branche eine »autistische Pathologie«: die neoklassische Konzentration auf idealisierte Märkte und die Scheinwelt der ökonomisch-mathematischen Formeln, dazu Ausschluss von Kritik und die Ignoranz gegenüber der realen Welt. Die Ursache dafür sieht Devine in der Konzentration der ökonomischen Wissenschaften auf die Mathematik und in der damit verbundenen Abwendung von den Sozialwissenschaften. Auf diese Weise sei der sogenannte »Physikneid« – das Minderwertigkeitsgefühl mancher Ökonomen gegenüber Naturwissenschaftlern – kompensiert worden. Wirtschaftswissenschaftler wollen keine Psychologen oder Soziologen sein, deshalb gibt es so viel Mathematik in der Ökonomie. »Das erlaubt es den Ökonomen, empirische Informationen nur sehr selektiv zu verarbeiten und an ihren geliebten Grundannahmen festzuhalten, egal wie unrealistisch sie auch sein mögen.«

James Devine vergleicht die Fachrichtung der Ökonomie mit einem autistischen Kind, das sich die Ohren zuhält, um die Ordnung seiner Innenwelt zu isolieren vom Chaos der Außenwelt.

Devines Analyse ist nicht allein der launigen Betrachtung eines gramgebeugten Vaters und Professors entsprungen, der an seinem Sohn und seiner Fachrichtung gleichermaßen verzweifelt. Das Thema »Autismus« ist durchaus Diskussionspunkt in der Volkswirtschaftslehre. Französische Studenten gründeten bereits im Jahr 2000 die Bewegung der »Post-Autistischen Ökonomie«, mit dem Ziel, die selbstbezogene Sichtweise der Fachrichtung aufzubrechen. Der ideale Zeitpunkt dafür wäre die Finanzkrise der Jahre 2008 und 2009 gewesen, die das Scheitern des neoklassisch-neoliberalen Dogmas offenbaren. Schließlich wird schon John Maynard Keynes das Zitat zugesprochen, »wenn die Fakten sich ändern, ändere ich meine Meinung, und Sie?« Und der Wissenschaftstheoretiker Thomas Kuhn postulierte in seinem Standardwerk »Die Struktur wissenschaftlicher Revolutionen«, dass Krisen die notwendige Voraussetzung für das Auftauchen neuer Theorien sind, die ultimativ zum Paradigmenwechsel führen.

Bedeutet die Finanzkrise also das Ende des neoliberalen Ideals der perfekten Märkte? Das glauben noch nicht einmal die erbitterten Gegner der Theorie. Aber bringt die Krise wenigstens endlich jene Freiheit für Querdenker, die die Wirtschaftswissenschaften aus dem tiefen Tal des kollektiven Versagens führen könnten? Nicht, solange die Vertreter des Dogmas dem Scheitern zum Trotz daran festhalten.

Einige versuchen, die Krise umzudeuten, sie nicht als Systemabsturz zu werten, sondern im Gegenteil als Ereignis, das die Validität ihrer Theorie bestätigt. John Cochrane, ein prominenter Vertreter der Chicagoer »Süßwasser«-Schule, sagte 2008 im Blick auf die massenhafte Arbeitslosigkeit in Las Vegas nach dem Zusammenbruch der Baubranche, »wir *brauchen* eine Rezession. Die Menschen, die ihr Leben lang in Nevada Nägel eingehämmert haben, müssen mal etwas anderes machen«. Cochranes Kollege Casey Mulligan warf 2008 in einem provokativen Aufsatz in der »New York Times« die Frage auf, ob die plötzliche Massenarbeitslosigkeit in den USA wirklich auf eine sinkende Zahl der Jobangebote zurückzuführen ist – oder nicht eher auf die massenhafte Arbeitsunlust der Arbeitnehmer.

Der gallige Zynismus dieser Argumentation zeigt, dass die Elite der neoliberalen Denkart nicht bereit ist, das Scheitern jener Denkmodelle zu akzeptieren, die jahrelang als modern und zukunftsweisend galten. Ein Grund für dieses Verhalten liegt sicher im »konservativen Impuls« des Menschen, wie ihn der Soziologe Peter Marris in seinem Buch »Loss and Change« beschrieb: »Das Bestreben, die Vorhersehbarkeit des Lebens zu verteidigen, ist ein fundamentales und universales Prinzip der menschlichen Psychologie. Denn ohne Kontinuität sind wir nicht in der Lage, die Bedeutung von Ereignissen für unser Leben zu interpretieren, noch können wir uns selbstbewusst an neue Erfahrungen wagen.«

Wäre die physische Welt nicht einigermaßen vorhersehbar – der Apfel fällt vom Baum auf den Boden, nicht in den Himmel – »könnten wir keinen Tag darin überleben«. Selbst der radikale Erneuerer, argumentiert Marris, muss in der Lage sein, Ideen und Erfahrungen mit seinem vertrauten Weltbild in Einklang zu bringen. Auf radikale Änderungen unserer Umgebung oder unseres Weltbildes reagieren wir mit einer Trauer, die Marris mit der Trauer vergleicht, die wir beim Verlust eines lieben Angehörigen empfinden.

Aber warum hängen wir so an unseren liebgewonnenen Überzeugungen, selbst wenn wir eigentlich eingestehen müssten, dass wir uns getäuscht haben? Der Ökonom Adam Kessler von der Fairleigh Dickinson University in New Jersey an der amerikanischen »Salzwasser«-Ostküste ist dieser Frage anhand der neoliberalen Elite seiner Fachrichtung nachgegangen. Die Neoliberalen (die er »Laissez-faire-Gläubige« nennt) vertreten seiner Ansicht nach kein wissenschaftliches Paradigma, sondern eine Ideologie, die weitaus tiefer in der Persönlichkeit ihrer Anhänger verankert ist. Kessler beruft sich dabei auf den Sozialpsychologen Elliot Aronson (siehe Kapitel 3), wonach wir besonders jene Überzeugungen mit Zähnen und Klauen verteidigen, die unser »Selbstkonzept« formen. Wir verteidigen demnach das (idealisierte) Bild, das wir uns von uns selbst als kompetente, intelligente und moralisch integre Persönlichkeit machen. Auch die Zugehörigkeit zu einer Gruppe – etwa dem erlauchten Kreis der Süßwasser-Elite – kann Teil dieses Selbstkonzepts sein. Paradoxerweise verteidigen wir die Zugehörigkeit zu dieser Gruppe ja umso verbissener, je schwieriger und unangenehmer es war, von ihr aufgenommen zu werden.

Werden wir nun mit Erkenntnissen konfrontiert, die diesem Selbstkonzept widersprechen, spüren wir kognitive Dissonanz. Um dieses Gefühl zu vermeiden oder zu lindern, gehen wir weite Wege. Wir deuten die Welt um, bis Selbstkonzept und Realität wenigstens einigermaßen im Einklang miteinander sind. Raucher erklären den Griff zur Zigarette nicht als fremdgesteuerte Befriedigung einer biochemisch verankerten Sucht (das wäre zu negativ), sondern als Ausweis ihrer Genussfähigkeit und einer gewissen Nonkonformität oder gar Tollkühnheit (den Tod herausfordernd). Genauso, argumentiert der Ökonom Kessler, deuten die Neoliberalen die Finanzkrise um. Anstatt einzuräumen, dass das intellektuelle Konstrukt zusammengebrochen ist, auf dem zuvor ihr Weltbild ruhte, schieben sie lieber den Arbeitslosen die Schuld an der Misere zu.

Vor allem aber reduzieren wir kognitive Dissonanz, indem wir sie erst gar nicht entstehen lassen. Wir blenden alles aus, was Dissonanz verursachen könnte – etwa Fernsehreportagen über das Leiden von Patienten im Lungenkrebshospiz oder tiefgehende Analysen von Salzwasser-Ökonomen über die Finanzkrise und ihre Ursachen. Damit verteidigen wir unser Selbstbild und folgen unserem konservativen Impuls.

Für Querdenker ist das Konzept der kognitiven Dissonanz und des konservativen Impulses von großer Bedeutung. Wenn sie mit bohrenden Fragen die schwache Stelle in einem Denkmodell ergründen, stellen Querdenker die Berechenbarkeit der Welt in Frage, die genau durch dieses Denkmodell gegeben war. Und gerade wenn die Schwachstelle kaum zu übersehen ist, wird der Widerstand, der dem Fragenden entgegenschlägt, umso heftiger sein – weil alle anderen die Schwachstelle zwar bemerkt, aber unter großen gedanklichen Verrenkungen zur Stärke umdefiniert oder verdrängt haben. Wer an diesem gedanklichen Konstrukt rüttelt, provoziert eine heftige Attacke kognitiver Dissonanz – ein Gefühl, wie gesagt, so elementar unangenehm wie Hunger oder Durst.

Ein verletztes Selbstkonzept, die Neigung, den Status quo beizubehalten – all das erklärt, warum wir von Überzeugungen nicht lassen wollen, wenn wir uns ihnen erst einmal vollen Herzens angeschlossen haben. Doch das lässt eine entscheidende Frage offen: Wie konnte die international vernetzte Elite der Wirtschaftswissenschaften überhaupt kollektiv einer Idee mit so gravierenden Schwächen folgen? Wenn selbst die bestbezahlten Experten eine so schwerwiegende Krise nicht vorhersehen können – was bedeutet das für Politiker und Öffentlichkeit, die sich gerade angesichts einer immer komplexeren Welt immer mehr den Experten zuwenden, auf der Suche nach Ratschlägen und Handlungsanweisungen? Und sind jene Experten, die uns in die Krise geführt haben, überhaupt in der Lage, uns wieder einen Weg heraus zu weisen?

Diesen Fragen ging der amerikanische Psychologe Philip Tetlock nach. Am Anfang seiner Forschungen steht ein Experiment mit einem erstaunlichen Ergebnis.

Ein einfacher Test, ungleiche Sparringspartner stehen sich in der Psychologie-Fakultät der Yale University in den 1970er-Jahren gegenüber. Auf der einen Seite: die Studenten einer der renommiertesten Universitäten der USA, blitzgescheit, gebildet, gedankenschnell. Auf der Gegenseite: *rattus norvegicus*, eine gemeine Wanderratte. Der Versuchsaufbau: ein T-förmiger Gang, an deren Fuß die Ratte lauert. Im T-Querbalken gibt es Futter, aber auf welcher Seite, ist wie zufällig: Mal öffnet sich die Futterluke links, mal rechts.

Die Studenten sollen versuchen vorherzusagen, welche Luke sich als Nächstes öffnet. Der Ratte muss man den Versuchsaufbau nicht lange erklären; sie versucht ohnehin, so viel Futter wie möglich zu ergattern. Bald wird klar: Die Futterverteilung ist nicht gleichmäßig. Auf der linken Seite öffnet sich die Luke in 60 Prozent der Fälle, rechts in 40 Prozent. Die Ratte lernt schnell: Sie geht immer nach links, weil dort die Trefferwahrscheinlichkeit erkennbar höher ist. So erreicht sie nach kurzer Zeit eine Trefferquote von 60 Prozent.

Diese Strategie ist den Yale-Studenten zu simpel. Jedes Mal auf links zu setzen bedeutet schließlich auch, garantiert in 40 Prozent der Fälle falsch zu liegen. Doch wir Menschen hassen es, unrecht zu haben. Also beginnen die Studenten, die Futterverteilung zu analysieren. Was war die letzte Sequenz? Zweimal links, einmal rechts, dann dreimal links, zweimal rechts? Sie versuchen, dem Futterverteiler auf die Schliche zu kommen. Sie suchen nach der Formel, die den Zufall in ein Korsett zwängt. Sie suchen eine göttliche Ordnung im Algorhythmus eines Zufallsgenerators. Sie erreichen damit eine Trefferquote von 52 Prozent.

Was war passiert? »Tief in unserem Innern denken wir Menschen deterministisch, mit einer tiefen Abneigung gegen Wahrscheinlichkeitsstrategien«, erklärt der Psychologe Philip Tetlock. Wir ordnen unsere Welt nach dem Ursache-Wirkung-Prinzip, können mit purem Zufall schlecht umgehen und sind unfähig,

Wahrscheinlichkeiten realistisch einzuschätzen. Wer sich ein Lottoticket kauft, ist sich nicht bewusst, dass die Wahrscheinlichkeit, bei der Ziehung am nächsten Tag schon nicht mehr am Leben zu sein, 400 Mal höher ist als die, den Jackpot zu gewinnen. Widerfährt uns etwas Schlimmes, sprechen wir von einem »Schicksalsschlag« und fragen unweigerlich: Warum ich? Obwohl wir ahnen, dass die Antwort auf diese Frage in einer kühlen Gegenfrage liegt: Warum nicht?

Der Zufall weist unser Streben, die Welt zu begreifen, in Grenzen. Zufällige Ereignisse können wir nicht deuten. Und wenn wir versuchen, ein Ereignis vorherzusagen, das wenigstens teilweise vom Zufall bestimmt wird, sind Irrtümer unvermeidlich. Doch wir weigern uns, dies anzuerkennen. »Wir bestehen darauf, in rein zufälligen Abfolgen ein Muster zu erkennen«, schließt Philip Tetlock, »und schaden uns damit selbst.« Dann sind wir nicht einmal mehr in der Lage, einer Ratte das Futter abzujagen.

Das Experiment an der Yale University inspirierte Tetlock zu einer groß angelegten Studie, der weltweit größten ihrer Art. Wenn schon Studenten es nicht schaffen, mit klar erkennbaren Wahrscheinlichkeiten in einem einfachen Versuchsaufbau umzugehen – wie gut sind wir Menschen dann darin, die Zukunft in der viel komplexeren realen Welt vorherzusagen? Mitte der 1980er-Jahre, inzwischen Professor an der University of California in Berkeley, begann er, die Prognosen politischer Experten zu weltbewegenden Fragen auszuwerten. Über einen Zeitraum von 20 Jahren holte er die Meinungen von 284 Fachleuten, darunter Journalisten, politische Berater, Ökonomen und Analysten, zu Fragen ein wie: »Wird die Apartheid in Südafrika friedlich zu Ende gehen?« »Wird die Internetblase platzen?« »Wird sich die Provinz Quebec unabhängig erklären und damit den Zerfall Kanadas einleiten?« »Wird George Bush wiedergewählt werden?«

Die Experten konnten dann die Wahrscheinlichkeit verschiedener möglicher Antworten benennen.

Am Ende der Studie wertete Tetlock 82 361 Vorhersagen aus. Die Prognosen der Experten, von denen 96 Prozent über einen Hochschulabschluss verfügten und die als ausgewiesene Fachleute ihres Gebiets galten, lagen im Schnitt *schlechter*, als es eine zufällige Vorhersage gewesen wäre. Hätten die Experten eine Münze geworfen, statt sich auf ihre Fachkenntnis zu verlassen, hätten sie die Qualität ihrer Aussagen *verbessert*. Das bedeutet auch: Erneut hätte eine Wanderratte den Menschen den Rang abgelaufen.

Das Ergebnis ist niederschmetternd, schließlich vertrauen wir unseren Experten so sehr, dass wir das eigene Denken abschalten, wenn wir ihnen zuhören, wie der Hirnforscher Greg Berns in seinen Hirnscans nachgewiesen hat (siehe Kapitel 1). Experten beraten Präsidenten, die daraufhin Truppen in Bewegung setzen; sie beraten Menschen, die daraufhin ihre gesamten Ersparnisse aufs Spiel setzen.

Doch lassen sich aus Philip Tetlocks Studie auch Lehren ziehen. Am schlechtesten schnitten gerade die am höchsten geschätzten Fachleute ab; jene, deren Ratschlag besonders gefragt war, weil sie als die Besten ihres Gebiets galten. Die Ursache dafür sieht Tetlock in ihrem übersteigerten Selbstvertrauen. Je öfter sie befragt wurden, je öfter sie als »führender Experte auf seinem Gebiet« in den Medien angekündigt wurden, umso eher neigten sie dazu, sich für unfehlbar zu halten. Wer aber aufhört, seine eigenen Thesen hin und wieder kritisch zu hinterfragen, wird blind für Veränderungen der Realität und für mögliche Schwachstellen seiner Theorie.

Ohnehin waren die meisten Experten nicht bereit, von ihren Denkmodellen abzurücken. Obwohl sie selbstverständlich erklärten, ihre Prognosen allein auf Basis der Faktenlage zu treffen, überprüften sie Fakten, die ihre Sicht in Frage stellten, weitaus kritischer als jene, die ihre Sicht stützten. Sie waren »Gefangene ihrer Vorurteile«, so Tetlock. Doch dies gilt nicht nur für Experten: Wir alle neigen intuitiv dazu, Informationen zu bevorzugen, die unsere Weltsicht stützen. Die Kognitionspsychologie hat dafür den Begriff »Bestätigungsfehler« geprägt, er beschreibt den Unwillen, eine einmal angenommene These wirklich auf den Prüfstand zu stellen. Wie dies funktioniert, hat schon der Wissenschaftstheoretiker Karl Popper an einem einfachen und berühmt gewordenen Beispiel illustriert: Wir sind der Ansicht, alle Schwäne seien weiß, und sehen in jedem weiteren weißen Schwan eine Bestätigung dieser These – dabei beweist ein weiterer weißer Schwan überhaupt nichts. Stattdessen sollten wir nach einem schwarzen Schwan suchen. Hätten wir ihn gefunden, wüssten wir sicher, dass unsere Theorie falsch ist. Aber eine derartige aktive Falsifikation gehört nicht zu unseren Stärken. Wenn die Wahrheit bedeutet, dass wir uns offensichtlich geirrt haben, wollen wir die Wahrheit lieber nicht so genau wissen.

Wenn wir Ereignisse in der Rückschau betrachten, sehen wir uns in unserem deterministischen Denken von Ursache und Wirkung bestätigt. Die Berliner Mauer fiel schließlich nicht ohne Grund: Die graduelle Öffnung der Sowjetunion durch Michail Gorbatschow ermutigte die Montagsdemonstrationen. Zusammen mit der drückenden ökonomischen Überlegenheit des Westens führte dies zu einer Schwächung der DDR-Führung, die den Mauerfall an einem gewissen Punkt nicht mehr verhindern konnte. War das so? Oder versuchen wir mit dieser Betrachtung nur wieder, in einer Verkettung zufälliger Ereignisse ein Muster zu erkennen? Um wenigstens das Gefühl zu haben, die Welt zu verstehen?

Sicher ist: Eigentlich haben wir es doch kommen sehen. Das jedenfalls sagten die Experten, die Tetlock beobachtete. Als sie nach dem Eintreten eines Ereignisses noch einmal befragt wurden, waren die meisten fälschlicherweise der Ansicht, alles weitgehend korrekt vorhergesagt zu haben. Natürlich: Wie hätten sie sich auch irren können, sie waren ja nahezu unfehlbar! Wir sind nicht nur schwach darin, uns ein Bild von der Zukunft zu machen; wir überarbeiten auch unsere Erinnerung an die Vergangenheit immer neu, um Dissonanzen mit unserem Selbstkonzept auszuräumen.

Philip Tetlocks Experten scheiterten, weil sie ihre vorgefasste Meinung nicht ändern wollten, nicht einmal, als der Gang der Geschichte ihnen die Irrigkeit dieser Meinung vor Augen führte. Doch war es nicht allein die eigene Sturheit, die die Experten in die Irre führte. Neuere Forschungen deuten darauf hin, dass sie womöglich gar nicht in der Lage waren, sich mit einer veränderten Weltlage zurechtzufinden. Denn je mehr sich ein Experte auf sein Fachgebiet spezialisiert, umso weniger Kapazität bleibt dem Gehirn für alternative Rechenmodelle. Das gilt zum Beispiel auch für Taxifahrer.

»Charing Cross«, eine Straßenkreuzung südlich des Trafalgar Square, definiert den absoluten Mittelpunkt der britischen Hauptstadt London. Im Radius von sechs Meilen rund um Charing Cross befinden sich rund 25 000 Straßen. Es gibt 320 Haupt-Durchfahrtsrouten durch London, und entlang dieser Routen Tausende Sehenswürdigkeiten, Hotels, Hospitäler, Theater, Botschaften, Restaurants, Kirchen, Sportplätze, Parks.

Die Londoner Taxifahrer kennen sie alle. Die Anforderungen für den Londoner Taxischein – feierlich »The Knowledge« genannt, »Das Wissen« – sind im »Blue Book« zusammengefasst. Es ist die

Anleitung für die schwierigste Fahrprüfung der Welt. Bewerber brauchen in der Regel mindestens drei Jahre Vorbereitung und dann zwölf Versuche, bis sie bestehen. Drei Viertel aller Aspiranten gibt vorher auf. Diejenigen aber, die bestehen, gehören zur Weltelite der Taxigilde.

Sich 25 000 Straßen zu merken ist eine übermenschliche Anforderung. Das Gehirn der Taxifahrer schafft dies nur, indem es wie ein trainierter Muskel mit der Anstrengung wächst. Computerscans der Gehirne der Taxifahrer zeigten, dass ihr Hippocampus deutlich vergrößert war, jene Hirnregion, die für die räumliche Orientierung und die Konsolidierung des Langzeitgedächtnisses verantwortlich ist. Der Hippocampus generiert aus unseren Eindrücken, die zuerst das Kurzzeitgedächtnis festhält, Erinnerungen, die wir dann wiederum in der Großhirnrinde speichern. Menschen, deren Hippocampus zerstört wird, bleiben nur noch alte Erinnerungen und das Kurzzeitgedächtnis, weil sie keine neuen Erinnerungen mehr abspeichern können.

Die Hirnscans zeigten, dass der Effekt sich über die Jahre noch verstärkt. Je mehr Erfahrung die Taxifahrer im Navigieren durch die komplexe Londoner Innenstadt hatten, umso größer wuchs sich der Hippocampus aus: Aus Erinnerungen, Erfahrungen und Gedanken entsteht graue Gehirnsubstanz – der Geist formt die Materie. »Ich habe es nicht gemerkt, dass da über die Jahre etwas gewachsen ist«, meinte einer der Taxifahrer lakonisch, »da wundert man sich doch, was mit dem Rest des Gehirns passiert.«

Genau diese Frage stellten sich auch die Forscher vom University College London und unterzogen die Taxifahrer einem erneuten Test. Erst mussten sie eine Route durch eine ihnen unbekannte Stadt in Irland finden, eine Aufgabe, die sie deutlich besser lösten als eine Kontrollgruppe von Londonern, die keine

Erfahrung im Taxifahren hatten. Klar, schließlich waren sie die Experten.

Dann aber wurde es kompliziert. Den Taxifahrern wurde gesagt, eine Reihe von Gebäuden in London sei eingestürzt und durch Neubauten und neue Straßenzüge ersetzt worden. Ihnen wurden Videos gezeigt, auf denen die Kamera im Schritttempo durch die Stadt geführt wird, vorbei an bekannten und einigen (einmontierten) neuen Gebäuden. Plötzlich hatten die Taxifahrer große Schwierigkeiten, sich zurechtzufinden. Sie schnitten sogar deutlich schlechter ab als in der unbekannten Stadt. Hinterher befragt, sagten sie, es sei ihnen schwergefallen oder nicht gelungen, die neuen Straßenzüge in ihr bestehendes London-Bild zu integrieren. Aber warum gelang es den Taxifahrern nicht, die Erfahrung, die ihnen bei der Orientierung in einer fremden Stadt zugute kam, auf das »neue London« anzuwenden?

Weil ihnen genau diese Erfahrung dabei in die Quere kommt. Was uns zum Experten macht, ist nämlich weniger unser Talent – das spielt dabei nur eine untergeordnete Rolle –, viel wichtiger sind konsequentes Training, und zwar ungefähr *zehn Jahre* konsequentes Training. Der amerikanische Neurologe Daniel Levitin hat dafür die 10 000-Stunden-Regel aufgestellt: »10 000 Stunden Training sind notwendig, um das Niveau eines Experten zu erreichen – egal, um welche Disziplin es sich handelt.

In allen möglichen Studien, egal ob Komponisten, Basketballprofis, Schriftsteller, Eiskunstläufer, Konzertpianisten, Schachspieler, Meisterdiebe – was immer es ist, immer wieder taucht diese Zahl auf. 10 000 Stunden sind ungefähr drei Stunden täglich, oder 20 Stunden pro Woche, über einen Zeitraum von zehn Jahren.« Das bedeutet nicht, schränkt Levitin ein, dass man nicht auch so lange üben kann, ohne je ein Experte zu werden. Aber: »Niemand hat je einen Fall entdeckt, bei dem Weltklasseniveau in weniger Zeit erreicht worden wäre. Es scheint, als würde das Gehirn diese Zeit benötigen, um alles aufzunehmen, was für echtes Können notwendig ist.«

Meister ihres Faches müssen dafür eine der gravierendsten Einschränkungen unseres Denkapparats überwinden, das Gesetz von der »magischen Zahl Sieben, plus/minus zwei«. Der Kognitionspsychologe George Miller formulierte dieses Gesetz, nachdem er herausgefunden hatte, dass unser Bewusstsein in der Regel nur sieben Informationseinheiten gleichzeitig verarbeiten kann. (Unter gewissen Umständen können es neun, mitunter aber nur fünf Einheiten sein – daher der Zusatz »plus/minus zwei«.) Wenn wir eine Tätigkeit lernen, fassen wir immer wiederkehrende Bestandteile dieser Tätigkeit zu »chunks« (Brocken) zusammen, die wir dann im Langzeitgedächtnis auf Abruf halten. Auf diese Informationsbrocken kann das Gehirn unbewusst und viel rascher zugreifen, umgeht damit also die Beschränkung durch die magische Sieben.

Miller illustriert diese Theorie am Beispiel eines Funkers, der das Morsealphabet lernt (das Papier zur magischen Sieben stammt aus dem Jahr 1956). »Erst hört der Funker nur jedes ›dit‹ und ›dah‹ als eigene Informationseinheit. Bald kann er diese Klänge zu Buchstaben zusammenfassen und sieht dann jeden Buchstaben als Informationseinheit. Dann fassen sich die Buchstaben zu Wörtern zusammen, also noch größeren Einheiten, und er fängt an, ganze Sätze zu verstehen.« Dasselbe passiert, wenn wir lesen lernen und Buchstaben zu Wörtern zusammenfassen, um fließend zu lesen.

Werden wir dagegen mit folgendem Satz konfrontiert, müssen wir wieder jedes Wort einzeln buchstabieren:

Bonke abantu bazalwa bekhululekile belingana ngesidima nangokweemfanelo.

Das ist ein Satz in der Sprache der südafrikanischen Xhosa. Er bedeutet, »Alle Menschen sind frei und gleich an Würde und Rechten geboren.« Während wir das erste Wort *Bonke* noch leicht lesen können (es besteht aus fünf Buchstaben oder »chunks«), bereitet uns *bekhululekile* mit 14 Buchstaben deutlich mehr Schwierigkeiten. Und *ngesidima* mit dem für uns völlig ungewohnten Wortanfang müssen wir zweimal lesen, bis wir es erfassen.

Wie die Gehirne von Experten Information verarbeiten, was sie besser machen und welche Gefahren darin liegen, hat der Kognitionspsychologe K. Anders Ericsson von der Florida State University untersucht, sozusagen ein Experte der Expertenforschung. »Die Probleme, die ein Anfänger mit dem Arbeitsgedächtnis hat, sind nicht mehr relevant für einen Experten, der sich bei Planung, Ausführung und Evaluierung seiner Tätigkeit auf seine erworbenen Gedächtnisfähigkeiten und ein Langzeitarbeitsgedächtnis verlassen kann«, erklärt Ericsson. Was damit gemeint ist, kann ein Amateur-Schachspieler ermessen, der gegen einen sehr viel besseren Gegner antritt. Der Anfänger ist meist schon nach wenigen Zügen mit der unendlichen Zahl möglicher Spielzüge überfordert, während der Experte spielerisch drei, vier, fünf Züge im Voraus denken kann. So sind zum Beispiel Schachgroßmeister in der Lage, komplexe Spielsituationen mit einem Blick zu erkennen und dann aus der Erinnerung Figur für Figur nachzustellen (und zugleich alle erdenklichen Varianten dieser Ausgangsposition durchzukalkulieren). Doch dieselben Schachexperten haben große Schwierigkeiten, sich an ein Brett mit Figuren korrekt zu erinnern, wenn die Verteilung der Figuren darauf keinen Sinn ergibt. Ähnlich wie das Wort bekhululekile für Menschen, die kein Xhosa sprechen, nicht aus bekannten Informationseinheiten zusammengesetzt ist, hat der Schachgroßmeister in seinem mentalen Baukasten keine Entsprechung für eine sinnlose Aufstellung.

Die Fähigkeit, die einen Experten zum Meister seines Faches werden lässt, ist es auch, die es ihm schwermacht, Neues zu verstehen, das mit seiner Expertise kollidiert. Wie die Londoner Taxifahrer, die sich perfekt auf ihre Aufgabe spezialisiert haben, aber nur schwer in der Lage sind, sich auf Veränderungen einzustellen. Die Fahrer, die vom Londoner University College untersucht wurden, erzählten, die Aufgabe mit den fiktiven Gebäuden im Londoner Stadtbild habe sie an die Zeit erinnert, als der neue Stadtteil Canary Wharf in den Londoner Docklands gebaut worden war – damals hätten sie ähnlich große Schwierigkeiten gehabt, die neuen Straßen in das mentale Layout zu integrieren.

Ein Grund dafür liegt in der begrenzten Aufnahmefähigkeit des Gehirns. Der französische Hirnforscher Stanislas Dehaene hat dafür eine Theorie des »neuronalen Recyclings« entwickelt, wonach wir, wenn wir Neues lernen, dies in einer Gehirnregion verknüpfen, die für ähnliche Aufgaben bereits konditioniert war. So sind wir nur dann in der Lage, neue Dinge zu lernen, wenn unser Gehirn evolutionär darauf vorbereitet ist. Zum Beispiel die Fähigkeit zu lesen, die kulturgeschichtlich mit 5400 Jahren noch relativ jung ist und bis vor 200 Jahren ohnehin nur einer verschwindenden Minderheit der Menschen gegeben war. 200 Jahre sind aber ein viel zu geringer Zeitraum, um diese Fähigkeit evolutionär in unserem Gehirn einzuprägen.

Dass wir dennoch relativ leicht Lesen lernen, liegt daran, dass sich das Lesen aus einer evolutionär nützlichen Fertigkeit entwickelt hat: der Fähigkeit, Gesichter und Formen in unserer Umgebung wiederzuerkennen und uns damit zu orientieren. Dazu sind auch Primaten in der Lage. Sie können sogar mit einem Katalog immer weiter vereinfachter Formen relativ gut umgehen. Am Ende bleiben Formen übrig, die etwa dem Buchstaben »T« oder der Zahl »8« gleichen. Unser Alphabet haben wir vermutlich ebenso nach dem Kriterium entwickelt, leicht unterscheidbare und wiedererkennbare Formen zu verwenden. Wir »recyceln« unsere Fähigkeit zur Formenerkennung zum Zweck des Lesens.

Dehaene sieht die Theorie des neuronalen Recyclings als Gegenmodell zur Idee vom Gehirn als leerem Gefäß, das beim Lernen einfach nur mit Material gefüllt wird. Das Recycling, das ja auf eine möglichst effiziente Nutzung der vorhandenen Ressourcen schließen lässt, widerspricht auch der irrigen Annahme, wir würden nur einen kleinen Teil unseres Gehirns überhaupt nutzen. Doch Recycling bedingt auch, dass wir unsere Wahrnehmung den neuen Fähigkeiten anpassen. Sehen wir Wörter auf einem Blatt Papier, beginnen wir zu lesen, ohne die Formen noch einzeln zu unterscheiden. Wir sehen nicht die Buchstaben, wir sehen die Wörter.

Das ist ein Dilemma des Könners: Seine außerordentlichen Fähigkeiten bezahlt er mit einem Verlust an Flexibilität. Er verlässt sich auf seine Stärken und vernachlässigt seine Wahrnehmung. »Experten, die ein hohes Leistungsniveau erreichen, reagieren in bestimmten Situationen oft automatisch und verlassen sich irgendwann ausschließlich auf ihre Intuition«, erklärt der Kognitionspsychologe K. Anders Ericsson. »Das führt zu Schwierigkeiten, wenn sie mit untypischen oder seltenen Ereignissen zu tun haben, weil sie die Fähigkeit verloren haben, die Situation zu analysieren und sich zur bestmöglichen Lösung vorzuarbeiten. Experten nehmen den schleichenden Prozess ihrer intuitiven Voreingenommenheit nicht wahr – bis sie an den Punkt gelangen, wo die gewohnte Reaktion in die Irre führt oder sogar Schäden verursacht.« Zum Beispiel die größte Finanzkrise seit Generationen.

Wer nicht zweifelt, irrt: Unser Leben lang streben wir nach Perfektion, doch je besser wir etwas beherrschen, oder zu beherrschen glauben, umso enger droht unser Blickfeld zu werden. Wir neigen zu übersteigertem Selbstbewusstsein, vertrauen unserer Intuition auch dann, wenn sie uns offensichtlich in die Irre führt. Und es fällt uns immer schwerer, uns und unser Denkgebäude in Frage zu stellen. Deswegen brauchen wir Querdenker: um in unsere perfekte Welt aufzubrechen. Wie wir ihnen dies ermöglichen können, zeigt das nächste Kapitel.

5. Grundzüge einer Dissenskultur

WIE WIR DIE MACHT DER MEHRHEIT BRECHEN KÖNNEN

Zwölf Männer, Amerikaner, sitzen um einen Holztisch in einem engen Raum. Sie tragen weiße Hemden und dunkle Krawatten. Draußen vor dem Fenster ist ein Gewitter im Anzug, drückende Hitze umfängt die schwitzenden Männer. Einige wollen möglichst rasch nach Hause, doch sie sind eingeschlossen. Sie sitzen über einen 18-jährigen Einwanderer aus Puerto Rico zu Gericht, der beschuldigt wird, seinen Vater mit einem Messer erstochen zu haben. Die Beweislast scheint erdrückend. Eine Zeugin hat den Mord gesehen, ein weiterer Zeuge den Streit vor dem Mord gehört. Die Mordwaffe gehörte wohl dem Angeklagten, dessen Alibi schwach und dessen Leumund fragwürdig sind. Eigentlich ist sich die Jury einig: Der junge Mann ist der Mörder und muss auf dem elektrischen Stuhl dafür büßen. Aber einer der Geschworenen, der Juror mit der Nummer acht, ist nicht überzeugt. Er zwingt den übrigen elf eine Diskussion auf, die zu Zeiten sachlich verläuft, zu anderen emotional, wütend, boshaft.

Am Ende, 93 Filmminuten später, hat der Abweichler alle anderen Geschworenen überzeugt. Der junge Mann wird freigesprochen.

»Die 12 Geschworenen«, 1957 von Regisseur Sidney Lumet verfilmt, ist nicht nur großartiges Kino (mit Henry Fonda als unbeirrbarem Juror Nummer acht) und ein brillanter Exkurs über Gerechtigkeit und Demokratie, sondern auch ein Lehrstück über Gruppendynamik und die Macht einer informierten Minderheit.

Der Film offeriert Denkansätze, die bis auf das 19. Jahrhundert und den englischen Philosophen John Stuart Mill zurückgehen und die bis in die jüngste Zeit durch sozialpsychologische Forschung immer wieder bestätigt werden. »Die 12 Geschworenen« zeigt, wie schwer es Querdenker in einer Gruppe haben. Aber er zeigt auch, wie dringend wir Querdenker brauchen und mit welchen Mitteln sie sich gegen eine übermächtige Mehrheit durchsetzen können.

Selten geht es bei den Folgen gruppendynamischer Prozesse so unmittelbar um Leben und Tod wie bei den Beratungen von Geschworenen. Doch gerade in Situationen, wie sie Henry Fonda alias Juror Nummer acht vorfindet, stehen die Chancen für den Angeklagten denkbar schlecht. Denn eine Gruppe, die sich weitgehend einig ist, neigt dazu, sich gegenseitig in der Meinung zu bestärken. Eine Diskussion, die eigentlich dazu dienen soll, Für und Wider abzuwägen, dient dann nur noch dem Zweck, die vorgefasste Meinung zu vertiefen und sogar zu radikalisieren.

Das ist nicht nur im Film so – das zeigen auch Untersuchungen zum Zustandekommen von Strafschadensersatz. Das sind jene Schmerzensgelder, die amerikanische Anwälte für Opfer von fahrlässig handelnden Unternehmen heraushandeln – etwa jene 480 000 US-Dollar, die eine Frau aus New Mexico zugesprochen bekam, weil sie sich in einem McDonald's Schnellrestaurant mit heißem Kaffee verbrüht hatte. Europäer beurteilen derartige Schmerzensgelder oft als irreal, so auch jene vier Millionen Dollar, zu denen die Firma BMW verurteilt wurde, weil sie einen Wagen als neu verkauft hatte, der aber bereits einmal umlackiert worden war. Auch die meisten Amerikaner halten derartige Summen für obszön.

Oft gilt dies sogar für die Mitglieder der betreffenden Jury – aber nur, bis die Beratungen beginnen.

Der Rechtswissenschaftler Cass R. Sunstein, der in Harvard lehrt und den amerikanischen Präsidenten Barack Obama berät, hat die Gruppendynamik in Geschworenengremien und die Folgen für die Höhe des Strafschadensersatzes untersucht. In einem Fall war die Herstellerfirma einer Yacht angeklagt, weil sie ein defektes Boot ausgeliefert hatte, dessen Besitzer beim Sinken der Yacht fast ertrank. Einzeln befragt, plädierten die Juroren für ein durchschnittliches Strafschadensmaß von 450 000 US-Dollar. Als Gruppe aber entschieden sie auf eine Million Dollar, mehr als das Doppelte. Und das ist kein Einzelfall. Eigentlich wäre anzunehmen, dass sich Mitglieder einer Gruppe in einer Diskussion auf die goldene Mitte einigen. Das wäre jener Punkt, an dem alle Mitglieder etwa gleich weit von ihrer ursprünglichen Position abrücken müssen. Doch Untersuchungen zeigen, dass die Höhe des Schadensersatzes nach den Beratungen ausnahmslos höher liegt als diese goldene Mitte, also als der Durchschnittswert aller Summen, die die Juroren vor der Beratung als angemessen angesehen hatten. In mehr als einem Viertel der Fälle lag der Schadensersatz am Ende sogar höher als der höchste Wert, den die einzeln befragten Juroren zuvor angegeben hatten.

Zwei Gründe macht Rechtswissenschaftler Sunstein für diesen Effekt aus. Zum einen fehlt in derartigen Beratungen in der Regel das abweichende Votum, weil nur wenige Menschen sich zum Anwalt großer, anonymer, mächtiger und reicher Firmen (wie etwa McDonald's) machen wollen. Es fehlt Juror Nummer acht, Henry Fonda; es fehlt der Querdenker. Ohne Gegenstimme aber gehen Diskussionen in eine vorbestimmte Richtung, nehmen immer mehr Fahrt auf und enden an einer Position, die die meisten Teilnehmer vor der Diskussion als exzessiv angesehen hätten. Das zeigt auch eine Studie von 3000 potenziellen Jurymitgliedern, die ihre Neigung zur Bestrafung des Angeklagten vor der Beratung auf einer Skala von 0 (keine Strafe) bis 8 (schwerste Bestrafung) dargelegt hatten. Bestand die Jury aus relativ »weichen« Geschworenen, lag das Strafmaß niedriger als der Durchschnitt der Mitglieder, waren die Geschworenen überwiegend »hart« eingestellt, fiel die Strafe überproportional hart aus.

Dieser Effekt, die Gruppenpolarisierung, ist in Hunderten Studien weltweit nachgewiesen und längst nicht nur auf Jury-Beratungen beschränkt. »Immer wenn Gleichgesinnte miteinander reden, haben sie am Ende eine extremere Position als davor«, erklärt Cass R. Sunstein. Der Jurist macht drei Gründe dafür verantwortlich: die einseitige Information, das starke Selbstbewusstsein der Überzeugten und unser gruppenorientiertes Sozialverhalten.

Die einseitige Information resultiert aus dem Übergewicht der Argumente. Wer zum Beispiel überzeugt davon ist, dass Einwanderer erst nach einem Sprachtest ins Land gelassen werden sollen, wird in einer Gruppe mit Gleichgesinnten neue Argumente für diese Ansicht finden und damit in seiner Meinung bestärkt. Die Gruppe argumentiert damit in einer Art geistiger Rückkoppelung, die durch die lauten Stimmen der Überzeugten noch verstärkt wird. Denn wenn eine Gruppe über das Thema »Sprachtests für Einwanderer« diskutiert, werden vor allem jene das Wort führen, die eine ausgeprägte Meinung vertreten. Wer sich unsicher ist, wird weniger selbstbewusst auftreten und es deshalb umso schwerer haben, die Gruppe (in welche Richtung auch?) zu steuern. Dadurch wird die Meinung der Gruppe immer ausgeprägter und wird durch Hinzufügen einer als feindlich angesehenen »Gegengruppe« noch stärker. Etwa in Israel und Palästina: Ein israelischer Siedler oder ein Hamas-Anhänger werden es sich im Gespräch mit Gleichgesinnten eher zweimal überlegen, ob sie eine moderate oder gar eine Gegenposition einnehmen. So driften die Gruppen immer weiter auseinander.

Aber auch in weniger kriegerischen Auseinandersetzungen werden Zweifler dazu neigen, eher zu schweigen. Zum einen, um in der Gruppe nicht unangenehm aufzufallen. Schließlich sind wir bereit, unsere wahre Meinung zu verschleiern, wenn wir glauben, dass es unserem sozialen Status nützt. Wir tun dies aber auch, weil wir uns im Zweifel, wenn wir uns über etwas nicht im Klaren sind, gern zur Mehrheit hin orientieren. Psychologen nennen derartige Strategien »Heuristiken«, eine Art gedankliche Abkürzung, die es uns erlaubt, Entscheidungen zu treffen, auch wenn wir nicht alle relevanten Fakten eines Problems erfasst haben. Wenn wir in einer fremden Stadt aus der U-Bahn steigen, macht diese Heuristik durchaus Sinn. Wir folgen der Masse der Einheimischen, die wahrscheinlich dorthin strebt, wo wir hinwollen: zum Ausgang. Auch der Erfolg von Bestsellerlisten basiert auf dieser Heuristik, auf unserem Glauben, dass ein Buch, das Millionen Menschen vor uns gekauft haben, nicht ganz schlecht sein kann. Der Drang, sich der Masse anzuschließen, ist so unmittelbar, dass ein paar Dutzend Claqueure genügen, um das Publikum in einem Fernsehstudio in irrational frenetischen Beifall ausbrechen zu lassen.

Das Problem dabei ist, dass wir in der modernen Welt sehr oft Entscheidungen treffen müssen, ohne tatsächlich alle relevanten Fakten prüfen zu können. Selbst und gerade auf Gebieten, auf denen wir als Experten gelten, sind wir weit davon entfernt, jede unserer Aussagen gewissenhaft zu prüfen. Sunstein nennt dafür das Beispiel von Frauenärzten, die vor der Entscheidung stehen, Patientinnen in den Wechseljahren eine Hormontherapie zu verschreiben. Diese Behandlung ist umstritten; sie lindert zwar die Beschwerden, steht aber im Verdacht, Krebs auszulösen. Da nicht alle Ärzte eigene lange Versuchsreihen mit Patientinnen zur Verfügung haben, behelfen sie sich mit einer rational sinnvollen Heuristik: Sie schauen, was die Kollegen so machen.

Nehmen wir nun an, dass die Ärzte sich in einer zeitlichen Abfolge entscheiden. Der erste Arzt muss noch seine eigenen Erfahrungen mit den widersprüchlichen Meinungen aus der Fachliteratur abwägen. Angenommen, er weiß nicht sonderlich viel über das Thema – seine Spezialisierung liegt anderswo –, entscheidet sich aber dennoch für die Therapie. Der zweite Arzt hat womöglich gelinde Zweifel an der Therapie, die aber durch die Entscheidung des Vorgängers relativiert werden – schließlich wird der Vorgänger seine Gründe gehabt haben für seine Entscheidung. Schweren Herzens entscheidet er sich für die Therapie. Für den dritten Arzt wird diese zweifache Kollegenmeinung nun schon zu einem gewichtigen Argument. Selbst wenn er massive Zweifel an der Therapie hat, wird er womöglich dennoch Hormone verschreiben. Für jeden weiteren Arzt wird die Entscheidung nun immer einfacher: Wenn sich so viele seiner Kollegen bereits für die Therapie entschieden haben – wieso sollte er daran zweifeln?

Der amerikanische Ökonom David Hirshleifer hat für dieses Verhalten den Begriff der »informational cascade« geprägt. Das Phänomen nutzte schon Solomon Asch in seinem Experiment zur Konformität, indem er die Testpersonen so platzierte, dass sie zuerst die Meinungen der anderen zu hören bekamen, bevor sie sich selbst entschieden. Der Kaskadeneffekt ist umso ausgeprägter, je höher das Ansehen desjenigen ist, der die Kaskade in Gang gesetzt hat. »Fashion leaders« nennt Hirshleifer diejenigen, die eine solche Lawine lostreten. Derartiges Schwarmverhalten ist in allen Bereichen zu beobachten, in der Popmusik ebenso wie auf dem Aktienmarkt. Und im medizinischen Alltag, wo es bis vor wenigen Jahren noch gang und gäbe war, etwa bei Mandelentzündungen die Gaumenmandeln operativ zu entfernen, obwohl dies in vielen Fällen unnötig war. Das renommierte »New England Journal of Medicine« spricht von »Mitläuferkrankheiten«: »Mit einem ansteckenden, aber blinden Enthusiasmus drängen die Ärzte, wie Lemminge, bestimmte Krankheiten und Behandlungen in den Vordergrund, nur, weil es alle anderen ebenfalls tun.«

Die Problematik des Kaskadeneffekts liegt darin, dass es zwischen den Teilnehmern keinen Informationsaustausch gibt. Die insgeheimen Zweifel, die etwa Ärzte beim Verschreiben der Hormontherapie haben, sind für die nachfolgenden Kollegen unsichtbar. »Da gegenteilige Informationen verborgen bleiben, kann sogar eine falsche Kaskade ewig andauern. Auch eine zufällige oder aus trivialen Gründen getroffene Anfangsentscheidung kann sich so immer weiter duplizieren.« Dann werden Blinde von Blinden angeführt.

Bis ein Sehender es wagt, dem Zug der Lemminge entgegenzutreten.

Henry Fonda alias Geschworener Nummer acht muss sich einiges anhören, als er sich bei der ersten Abstimmung in der Jury als einziger Abweichler outet. »Mann oh Mann, einer ist immer dabei«, knurrt ein Mitglied der Jury, und ein anderer schüttelt den Kopf: »Was es nicht alles gibt.« Als Nummer acht sagt, er wolle über die Verhandlung reden, schnauzt ein weiterer Mit-Juror: »Was gibt's darüber zu reden? Elf Männer halten ihn für schuldig, nur Sie nicht! Davon bringen Sie uns nicht ab, und wenn Sie 100 Jahre reden!« Mit fortschreitender Diskussion werden die Entgegnungen immer feindseliger. »Hier wird so viel geredet, dass man nicht mehr weiß, ob man Männchen oder Weibchen ist!« Ein anderer raunzt »Nervensäge!«, höhnt: »Trotzköpfchens Zeitvertreib!« und »Sie könnten Chef der Haarspalter-Innung werden«. Und schließlich, als ultimativer Vorwurf: »Sie sind der Einzige, der aus der

Reihe tanzt!« Es ist das typische Abwehrverhalten eines Rudels gegenüber einem Abweichler.

Dieser Aussage liegt ein kardinaler Denkfehler zugrunde: der Gedanke, dass Querdenker einer Gruppe Schaden zufügen, weil sie sich nicht in die Gruppendisziplin fügen. Cass R. Sunstein erhebt hier Einspruch: »Oft werden Konformisten als diejenigen gesehen, die den sozialen Frieden wahren, weil sie sich der Gruppe zuliebe still verhalten. Andersdenkende gelten dagegen als selbstsüchtige Individualisten, die ihre eigenen Projekte auf Kosten anderer verfolgen. Aber das Gegenteil ist näher an der Wahrheit. In vielen Situationen nützen Querdenker anderen, während Konformisten nur sich selbst begünstigen.«

Oft sind Konformisten intellektuelle Schmarotzer, die von den Früchten einer Auseinandersetzung profitieren, sich aber die Mühe sparen wollen, selbst an dieser Auseinandersetzung teilzunehmen (und dann noch jene beschimpfen, die einen Diskurs initiieren). Konformisten verhalten sich nachgerade gruppenschädlich, wenn sie ihre Bedenken für sich behalten. Sie entziehen der Gruppe damit dringend notwendige Informationen. Damit tragen Ja-Sager oder Verschämt-Schweiger vorsätzlich zur Polarisierung bei und begünstigen die Entstehung einer Informationskaskade.

Widerspruch mag lästig sein. In Wahrheit aber ist Dissens der Rohstoff für bessere Lösungen, für eine bessere Welt.

Sunstein beruft sich mit dieser These auch auf den englischen Philosophen und Utilitaristen John Stuart Mill und dessen Ausführungen über die Freiheit und die »Tyrannei der Mehrheit« aus dem 19. Jahrhundert. Mill hält es für »eine Sünde«, eine abweichende Meinung *nicht* zu äußern, weil dies »die Menschheit, gegenwärtige ebenso wie künftige Generationen, der Möglichkeit beraubt, einen Irrtum durch Erkenntnis zu ersetzen«. Und selbst wenn eine abweichende Meinung falsch ist, sei es von großem

Nutzen, sie zu äußern, glaubte Mill, »wegen der klareren Wahrnehmung und des lebendigeren Eindrucks der Wahrheit, entstanden durch ihr Aufeinanderprallen mit dem Irrtum«.

Oft sorgen Querdenker dafür, dass eine Sache überhaupt ernsthaft geprüft wird. Wie die Beweislage im Prozess gegen den 18-jährigen Puertoricaner, die zunächst so eindeutig schien. Erst als Juror Nummer acht widerspricht, beginnen die übrigen Geschworenen, genauer hinzusehen. Und stellen fest, dass eine Zeugin offensichtlich kurzsichtig war. Und dass die angeblich unverwechselbar einzigartige Mordwaffe ein gewöhnliches Messer war, das sich an jeder Straßenecke kaufen lässt. Und der Nachbar, der alles mitangehört haben will, wollte sich offenbar nur aufspielen.

Auch hier dient »Die zwölf Geschworenen« als Lehrstück. Denn generell wird in Jurys, in denen es Abweichler oder eine Minderheitenmeinung gibt, wesentlich genauer und differenzierter entschieden. Das haben Untersuchungen der kalifornischen Psychologin Charlan Nemeth ergeben, die Entscheidungen von Geschworenen in Neuseeland beobachtet und bewertet hat.

Nemeth beschäftigt sich seit mehr als 25 Jahren mit Querdenkern und Minderheiten und dem Einfluss, den sie auf eine Gruppe ausüben. Sie sieht ihre wissenschaftliche Arbeit auch als Gegenstück zur klassischen Konformitätsforschung, die sich stets auf die Frage konzentriert hat, warum Menschen sich anpassen – und nicht auf die Frage, warum Menschen ausscheren und was sie dazu treibt. Nemeth promovierte im Jahr 1968, in einer Zeit, als die amerikanische Bürgerrechtsbewegung das Land von Grund auf veränderte. »Für uns war Widerspruch nichts Negatives«, erzählt sie, »im Gegenteil. Querdenker waren für uns mutige Menschen; Menschen, die an etwas glauben, die für etwas stehen. Menschen, die die Welt verändern. Das ist der Stoff, aus dem Helden gemacht werden.«

Ein Loblied auf den Störenfried! Mit diesem quergedachten Ansatz zur klassischen – eher konformitätsfixierten – Sozialpsychologie hat Charlan Nemeth in den vergangenen drei Jahrzehnten eine Reihe von Forschungsprojekten verwirklicht. Das Ergebnis: Eine Gruppe kann sich glücklich schätzen, wenn sie einen Abweichler in ihren Reihen hat. Und wir tun gut daran, gerade jene zu ermuntern, deren Meinung unserer eigenen widerspricht. »Eine Gruppe, in der alle einer Meinung sind, diskutiert konvergent«, erklärt Nemeth, die Teilnehmer bestätigen sich gegenseitig. Gibt es aber ein Minderheitsvotum, öffnet sich die Diskussion. »Ein Widerspruch ist wie ein Reset-Knopf für die Diskussion. Plötzlich ist wieder alles offen.«

Diskussionen verlaufen grundverschieden, je nachdem, ob ein Widerspruch erhoben wird oder nicht. »Ein Minderheitenvotum führt dazu, dass neue Informationen beschafft werden, um eine Sache von allen Seiten zu betrachten. Starke Mehrheitsmeinungen führen dagegen dazu, dass nur nach Informationen gesucht wird, die diese Meinung bestätigen.« Das gilt nicht nur für Jury-Sitzungen bei Gerichtsverhandlungen – Nemeth hat bei ihren Untersuchungen festgestellt, dass Unternehmen und Universitäten ebenfalls von Querdenkern profitieren. Auch wenn sie versuchen, das zu verhindern: »Viele Unternehmen legen heute bei neuen Bewerbern mehr Wert auf ›Teamfähigkeit‹ als auf fachliche Qualifikation.« Die Unternehmen glaubten, dass es ihnen helfe, wenn die Mitarbeiter die »Betriebsphilosophie« verinnerlichten und alle am selben Strang zögen. Doch ebenso wie wahre Freundschaft sich darin äußert, einander auch unangenehme Wahrheiten zu sagen, gilt auch für Mitarbeiter eines Unternehmens: Echte Loyalität beweist sich im Widerspruch. »Angestellte riskieren viel, wenn sie sich gegen die Mehrheit stellen. Sich für etwas einzusetzen bedeutet eben manchmal auch, sich gegen jene zu stellen, die über die nächste Beförderung oder Gehaltserhöhung entscheiden.«

Dabei sollten gerade jene mehr Geld bekommen, die es riskieren, einen Kuschelkonsens in Frage zu stellen. Die Forschungen von Charlan Nemeth zeigen: Eine Minderheitenmeinung führt dazu, dass eine Gruppe mehrere Strategien für die Lösung eines Problems erörtert. Querdenker bringen Denkansätze ans Licht, die auf andere Weise unentdeckt geblieben wären. Wo die Mehrheit sich unwidersprochen einig ist, wird in der Regel konventionell entschieden. Querdenker dagegen befördern originelle und eigenständige Problemlösungen. Die Folge: Mit einem Querdenker in der Gruppe wird kreativer, offener und erfolgreicher diskutiert. »Unsere Forschung«, resümiert Charlan Nemeth, »führt zu einer veränderten Wahrnehmung von Querdenkern. Sie sind nicht mehr das Hindernis, sondern diejenigen, die Qualität im Denkprozess, bei Entscheidungen und der Leistung in Organisationen ermöglichen.«

Psychologen der Universitäten Göttingen und München bestätigten diese Erkenntnisse im Jahr 2005 erneut. Sie ließen 447 Studenten in Dreiergruppen antreten, um im Auftrag einer fiktiven Fluggesellschaft Piloten aus einer Reihe von Bewerbern auszuwählen. Zur Wahl standen vier Kandidaten, die mit jeweils zehn Attributen charakterisiert wurden, die entweder eindeutig positiv oder negativ waren: »Der Kandidat kann sich über eine lange Zeit sehr gut konzentrieren« etwa, oder »Er ist als Besserwisser bekannt«.

Die drei Kandidaten mit der Kennung A, B und D hatten jeweils vier positive und sechs negative Merkmale. Der vierte Kandidat, Kandidat »C«, verfügte dagegen über sieben positive und nur drei negative Merkmale – die eindeutig beste Wahl. Der Vorsprung war so deutlich, dass jene Gruppen, in denen alle Teilnehmer über die komplette Information verfügten, sich zu 100 Prozent für Kandidat C entschieden.

Interessant wurde es, als die Psychologen die Probanden mit sogenannten »hidden profiles« versorgten. Jeder Proband hatte nun unterschiedliche Informationen, und keiner hatte ausreichend Information für eine optimale Entscheidung. Aus der Sicht jedes Einzelnen mit seinem eingeschränkten Zugang zur Information erschien Kandidat C auf den ersten Blick als ungeeignet. Erst im Teamwork ließ sich die Aufgabe optimal lösen: Wurden alle Informationen gleichwertig gepoolt, war wiederum Kandidat C eindeutig die beste Wahl. Weil aber die Gruppenmitglieder angehalten wurden, sich vor der Diskussion mit ihrer eigenen (beschränkten) Information ausgiebig zu beschäftigen, hatte jeder Teilnehmer bereits vor Beginn der Diskussion eine Präferenz für einen bestimmten – meist den falschen – Kandidaten.

Die Zusammensetzung der Gruppen hatte eine durchschlagende Wirkung auf die Qualität der Entscheidung. Gab es im Gremium eine einstimmige Präferenz für einen falschen Kandidaten, war die Diskussion weitgehend wertlos. Obwohl die Gruppen, wenn sie alle Informationen miteinander abgeglichen hätten, sich wiederum für Kandidat C hätten entscheiden müssen, geschah dies nur in sieben Prozent der Fälle. In den übrigen 93 Prozent waren sich die Gremien ihrer Sache offenbar so sicher, dass sie gar nicht mehr genauer hinschauten. Die Diskussionen dienten nur noch dazu, das vorgefasste Urteil zu bestätigen und nicht mehr in Frage zu stellen.

Ganz anders dagegen jene Dreiergruppen, in denen sich ein Mitglied vor der Diskussion auf Kandidat C festgelegt hatte – gegen die Mehrheit der beiden anderen Teilnehmer. In diesen Gruppen wurde so ausgiebig diskutiert, dass in 65 Prozent der Fälle – neun (!) Mal häufiger als in den meinungskonformen Gruppen –

am Ende die richtige Entscheidung stand. »Unsere Ergebnisse zeigen eindeutig, dass die Qualität einer Gruppenentscheidung deutlich steigt, wenn die Mitglieder der Gruppe vor Beginn der Diskussion unterschiedlicher Meinung sind«, schreiben die Forscher in ihrem Papier, das 2006 im renommierten »Journal of Personality and Social Psychology« der »American Psychological Association« veröffentlicht wurde. Ursache für die höhere Qualität: Wo Dissens herrschte, diskutierten die Teilnehmer intensiver, tauschten mehr Information aus und hingen weniger ihren eigenen Vorurteilen nach.

Lohnt es sich also, Widerspruch um jeden Preis herauszufordern, und sei es nur, um eine fruchtbare Diskussion in Gang zu bringen? Das wäre zu einfach. Wer einfach nur zu allem »Nein« sagt, ohne wirklich davon überzeugt zu sein, behindert nur andere. Nicht jeder Abweichler hilft der Gruppe, die Motivation spielt eine entscheidende Rolle. Cass Sunstein unterscheidet daher drei verschiedene Typen: Enthüller, Andersdenkende und Querulanten.

Enthüller leisten wichtige Arbeit, weil sie Informationen aufdecken, die der Gruppe ansonsten fehlen würden und die eine Sachlage in einem neuen Licht erscheinen lassen. In diese Kategorie gehören auch die »Whistleblower«, die kriminelle Machenschaften in Unternehmen aufdecken. Doch Enthüller leben gefährlich, und je brisanter die Information ist, die sie beisteuern, umso größer ist das Risiko, dass sie Schaden nehmen. Eine Studie aus dem Jahr 2007, die 230 Fälle von groß angelegtem Unternehmensbetrug untersuchte, kommt zu einem deprimierenden Ergebnis: Zwar sind die eigenen Mitarbeiter die wichtigste Quelle beim Aufdecken von Betrug und illegalen Machenschaften im Unternehmen, doch zahlen die Enthüller dafür einen hohen Preis.

82 Prozent derer, die Skandale im eigenen Unternehmen aufdeckten, mussten sich hinterher einen neuen Job suchen, obwohl sie womöglich größeren Schaden durch noch länger andauernden Betrug verhindert haben. »Ehrliches Verhalten wird nicht nur nicht belohnt, sondern es wird bestraft«, klagen die Forscher.

Zu den Andersdenkenden dagegen zählen zum Beispiel jene Demonstranten, die sich an Bahngleise ketten, um damit einen Castor-Atommülltransport nach Gorleben zu verzögern, oder jene, die sich im Herbst 2010 im Stuttgarter Schlossgarten von Wasserwerfern beschießen lassen, um gegen den Neubau des Stuttgarter Hauptbahnhofs zu demonstrieren. Andersdenkende haben keine neue Information anzubieten, aber sie ziehen aus den vorliegenden Informationen andere Schlüsse. Die Castor-Gegner von Gorleben haben nicht aufgedeckt, dass Atommülllagerung problematisch ist, aber sie finden, dass dieses Problem so schwerwiegend ist, dass es Grund genug wäre, komplett aus der Atomwirtschaft auszusteigen.

Und obwohl es weder den Demonstranten in Gorleben noch jenen in Stuttgart gelungen ist, ihre Ziele durchzusetzen, so zwingen sie dennoch die Gesellschaft, sich intensiv mit den Risiken der beiden Vorhaben auseinanderzusetzen und damit, wie demokratische Entscheidungen zustande kommen. Ohne den hohen persönlichen Einsatz der Demonstranten könnten die Politiker annehmen, sich in weitgehender Übereinstimmung mit dem Wahlvolk zu befinden. Und selbst Andersdenkende wie der ehemalige Bundesbankchef Thilo Sarrazin, der im Sommer 2010 in seinem Buch »Deutschland schafft sich ab« über »Erbfaktoren« als Ursache für »das Versagen von Teilen der türkischen Bevölkerung« spekulierte, leisten der Gesellschaft einen Dienst. Zwar fällt es schwer, Sarrazin als »Querdenker« einzuordnen; seine kruden Thesen wurden alsbald von Genetikern, Migrationsforschern und Psychologen zerpflückt. Aber Sarrazin hat offenbar einer großen Zahl von Menschen aus der Seele gesprochen. Der Erfolg des Buches und die Bewertungen in zahllosen Blogs und Kommentarspalten zeigen, dass das Gedankengut, das Sarrazin in seinem Buch darlegt, in Deutschland offenbar weit verbreitet ist. Das muss wissen, wer in Deutschland Politik macht (oder wer erwägt, nach Deutschland einzuwandern).

Die dritte Kategorie von Abweichlern aber trägt nichts zur Wahrheitsfindung bei: jene notorischen Querulanten, die allein aus Prinzip widersprechen, die ewigen Neinsager; sie halten nur den Betrieb auf. »Es gibt keinen Grund, den Querulanten zu feiern«, schreibt Cass Sunstein. »Wer als Querulant bekannt ist, dessen Beitrag wird nur als laut und wenig informativ wahrgenommen.« Zwar können Querulanten Informationskaskaden unterbrechen, doch ihr Widerspruch aus purer Lust am Stören heraus – auch wenn sie womöglich selbst wissen, dass sie unrecht haben – bringt keine bessere Entscheidungsqualität, sondern erhöht die Fehlerquote.

In dieselbe Kategorie fällt interessanterweise der »Advocatus Diaboli«, der »Anwalt des Teufels«, der in einer Gruppendiskussion eine Gegenposition vertritt, ohne dieser Position selbst anzugehören. »Wir haben in unseren Studien festgestellt, dass es nichts bringt, einen Dissens künstlich herzustellen«, erzählt die Sozialpsychologin Charlan Nemeth. Querdenken lässt sich nicht verordnen, es muss aus dem Querdenker heraus entstehen. »Wenn jeder weiß, dass die Gegenposition ohnehin nur der Form halber vertreten wird, gibt dies keine Denkanstöße.« Denn was den Dissens stimulierend macht, »ist das Wissen, dass es da jemanden gibt, der wirklich an diese abweichende Meinung glaubt. Das verleiht den Argumenten die Lauterkeit, die sie brauchen, um ernsthaft erwogen zu werden.« Gerade die Tatsache, dass sich jemand um seiner Überzeugung willen dem Gruppendruck entgegenstemmt und sich womöglich Hohn und Spott aussetzt, macht seine Argumentation wertvoll, glaubt Charlan Nemeth: »Ein Märtyrer ist schwer zu ignorieren.«

Wir brauchen also echte Querdenker, in Betrieben und Unternehmen, an Universitäten und in Vereinen. Doch dafür muss es zuerst einmal überhaupt jemanden geben, der anderer Meinung ist. Vielfalt ist die Grundlage für Inspiration, die wiederum die Ursache für Neues und für Innovation ist (mehr zum Thema Kreativität in Kapitel 8 am Schluss dieses Buches). In der Biologie gilt Vielfalt als Indiz für die Widerstandsfähigkeit eines Ökosystems; Ähnliches gilt auch für Organisationen: Wer in alle Richtungen denkt, wer Menschen mit den unterschiedlichsten Fähigkeiten im Team hat, kann in der Krise flexibler reagieren. Eine funktionierende Dissenskultur muss daher vor allem auch Wert auf Verschiedenheit legen. Für die Welt der Wissenschaft formuliert der Sozialpsychologe Elliot Aronson das Ideal wie folgt: »Die Wissenschaft ist in meinen Augen ein großes Zirkuszelt. Hier tanzt eine Frau auf dem Seil, dort machen die Clowns ihre Späße, gefolgt von den Tigern und ihrem Dompteur, danach die Jongleure. Je bunter, desto besser!«

In den meisten Organisationen sieht die Realität jedoch ganz anders aus. Die Spezialisierung in Wissenschaft und Berufswelt führt zu traurigen Monokulturen in Besprechungsräumen, aber auch in Hörsälen und politischen Gremien. Eliteuniversitäten legen zwar Wert auf ethnische Vielfalt, doch ihre Klientel stammt aus einer eng begrenzten sozialen Schicht. Die Anforderungen an Bewerber in Top-Unternehmen wiederum sind so hoch, dass von vornherein fast all jene ausgesondert werden, die es nicht zuvor auf eine Elite-Universität geschafft haben. In den Führungsetagen der Unternehmen wird die Vielfalt noch geringer: 80 Prozent der Vorstandsvorsitzenden der 100 größten deutschen Unternehmen sind Söhne von Vätern, die Unternehmer, leitender Angestellter, höherer Beamter oder akademischer Freiberufler waren. Das Großbürgertum, das nur drei Prozent der Gesellschaft ausmacht, regiert die deutsche Wirtschaft. »Man kennt sich. Das ist eine wirklich geschlossene Gesellschaft«, charakterisierte der Soziologe Michael Hartmann in einem Interview mit dem Magazin »Stern« diese »gezielte soziale Selektion«. Ziel dieser Selektion sei es gerade, Vielfalt zu verhindern und sich stattdessen mit seinesgleichen zu umgeben, mit Menschen, die »dem gleichen Wertesystem verbunden« sind. Hat sich das Bürgertum erst einmal in einem Unternehmen etabliert, werden vorwiegend Menschen mit einem ähnlichen sozialen und familiären Hintergrund eingestellt, weil man sie viel besser einschätzen kann als jene, die eine andere Kindheit erlebt haben.

Aber nicht nur in den Vorstandsetagen sind kaum noch Menschen zu finden, deren Eltern als Krankenschwester und Lastwagenfahrer Nachtschichten schieben mussten, um die Familie über Wasser zu halten, und die dadurch womöglich einen anderen Blick auf Fragen der sozialen Sicherheit und die Wohlfahrt der Mitarbeiter haben. Selbst in traditionell offenen Berufen sind Quereinsteiger selten geworden. In Redaktionskonferenzen großer deutscher Magazine sitzen meist nur Journalisten, die ihr Handwerk auf einer von zwei Journalistenschulen gelernt haben. Ihre sozialen Zirkel bestehen zu großen Teilen aus weiteren Journalisten, die auf dieselben Journalistenschulen gingen.

Dasselbe gilt für Finanzexperten, Ärzte, Werber und Lehrer. »Soziale Homophilie« nennt die Soziologie dieses Phänomen, dass soziale Interaktion zwischen Menschen am ehesten dann stattfindet, wenn sie ähnliche demographische Merkmale aufweisen – aus derselben Bevölkerungsschicht, derselben Ethnie, demselben Geschlecht, einem ähnlichen Beruf stammen: Gleich zu gleich gesellt sich gern. Wie gern, bewiesen zwei Professoren der Columbia Business School in New York. Sie veranstalteten einen »Mixer«, ein Business-Meeting, das helfen soll, neue Kontakte zu knüpfen. Die 97 Teilnehmer statteten sie mit elektronischen Namensschildern aus, um festzustellen, wie viel sie sich tatsächlich unter die Leute mischten. Die Teilnehmer waren jung, im Schnitt 33 Jahre alt, und das Setting war angetan, sich in lockerer Atmosphäre auszutauschen: Es war Freitagabend, es gab Schnittchen und Pizza, dazu Bier, Wein und Limonade. Dennoch war das Ergebnis ernüchternd: Obwohl die Teilnehmer zuvor versichert hatten, wichtigstes Ziel sei es, »neue Leute zu treffen«, nutzten sie die Zeit überwiegend dazu, um sich mit alten Freunden und Bekannten zu unterhalten. »Als die Teilnehmer im Mixer ankamen, wurde ihnen wohl bewusst, dass es wesentlich schwieriger und anstrengender ist, neue Kontakte zu knüpfen, als mit alten Freunden zu reden«, resümieren die Autoren der Studie. Am Ende hatten sich nur wenige neue Knoten im Netzwerk gebildet.

Derartige soziale Homophilie schafft Monokulturen, wie eine Fichtenplantage: im besten Fall nur langweilig, im schlechtesten Fall zu schwach und zu unflexibel, um der nächsten Krise, dem nächsten Sturm zu widerstehen. Die soziologische Forschung verbindet mit dem Konzept der Homophilie auch den Austausch »redundanter Informationen« – Menschen, die aus derselben Lebenssphäre stammen, dieselben Bücher lesen und Filme sehen, erzählen sich gegenseitig eben immer wieder, was sie eigentlich schon längst wissen. Schon 1973 zeigte Mark Granovetter in seiner Doktorarbeit an der Harvard University, dass Jobsuchende in der Regel nicht durch gute Freunde in eine neue Arbeit vermittelt werden, sondern viel eher durch entfernte Bekannte. Die guten Freunde haben ohnehin denselben Informationsstand wie die Betroffenen selbst. Entfernte Bekannte dagegen bewegen sich in anderen gesellschaftlichen Sphären, bringen neue Informationen in den ansonsten begrenzten Freundeskreis. Granovetter gründete darauf eine Theorie von der »Stärke der schwachen Verbindungen«: »Menschen mit wenigen solcher schwachen Verbindungen sind von Informationen abgeschnitten, die aus etwas weiter entfernten sozialen Sphären stammen, und sind angewiesen auf die provinziellen Neuigkeiten und Ansichten ihrer engen Freunde.«

Der Soziologe Martin Ruef von der Princeton University in New Jersey untermauerte die Theorie vom hohen Wert eines lockeren, aber möglichst großen Freundeskreises im Jahr 2002. Er befragte 766 ehemalige Studenten, die versucht hatten – erfolgreich oder nicht – ein Unternehmen zu gründen. Ruef interessierte sich für ihr Sozialverhalten und ihren Innovationsdrang und die Frage, ob zwischen beidem ein Zusammenhang besteht. Das Ergebnis war eindeutig: Wiederum zeigte sich die Tendenz zur Homophilie, die Neigung, sich unter seinesgleichen zu bewegen und auszutauschen. Doch es gab eine Reihe von Unternehmern, die ein Netzwerk mit »maximaler Informationsentropie« geknüpft hatten, mit »komplett heterogenen Verbindungen«. Es waren Menschen, die viele entfernte Bekannte hatten, mit denen sie sich in lockerer Folge trafen und austauschten, und die dabei Dinge erfuhren, zu denen die Nesthocker nie Zugang hatten. Die Innovationsfähigkeit dieser talentierten »Socializer« war dreimal höher als die derjenigen, die sich allein unter ihresgleichen bewegten.

Wer also ein Team zusammenstellt, um eine schwierige Aufgabe zu lösen, tut gut daran, es möglichst bunt zu mischen.

Das zeigt auch die Qualität von Investment Clubs, in denen Kleininvestoren ihr Geld zusammenlegen und dann gemeinsam entscheiden, welche Aktien sie kaufen. Bei einer Untersuchung zeigte sich, dass jene Clubs am schlechtesten abschnitten, die auf Freundschaft basierten und Wert auf ein reges soziales Miteinander legten: Man kannte sich, man mochte sich und hatte keine Lust, ewig über Geld zu streiten. Deutlich höher lagen die Gewinne bei jenen Clubs, die relativ wenig soziale Vernetzung unter den Mitgliedern aufwiesen. Dort gab es wesentlich mehr Dissens darüber, was mit dem Geld geschehen sollte. Diese Clubs waren nicht heimelig. Aber erfolgreich.

Doch Dissens macht die Aufgabe für die Teilnehmer anstrengend. Eine Dissenskultur fordert viel von uns: Wir müssen lernen, Widerspruch auszuhalten und wertzuschätzen, müssen jenen, die uns widersprechen, dankbar dafür sein. »Der Kopf einer jeden Organisation sollte sich gewahr sein, dass Dissens dieser Organisation hilft«, sagt Charlan Nemeth. »Er muss den Widerspruch nicht fordern, aber er sollte ihn zulassen. Und er muss jenen psychologischen Schutz gewähren, die ihre Stimme erheben – auch und gerade, wenn sie ihm selbst widersprechen.« Der Schutz der Abweichler kann auch durch zwingend erforderliche Einstimmigkeit sichergestellt werden, wie bei den Geschworenen: Wenn alle zustimmen müssen, wird die Mehrheit gezwungen, sich mit den Einsprüchen der Minderheit auseinanderzusetzen und den Konflikt zu lösen.

Die Idee einer Dissenskultur steht häufig in diametralem Widerspruch zu den Idealen einer Unternehmensführung, die jahrelang an »core values« oder an einem »mission statement« feilt, das dann allen Mitarbeitern eingebläut wird. In vielen Unternehmen trägt die Fixierung auf Kernwerte und Identität des Unternehmens »sektenartige Züge«, klagt Nemeth. Wer aber nur Wert auf unbedingte Loyalität und »Teamfähigkeit« legt, vernachlässigt Kreativität, den wichtigsten Rohstoff moderner Organisationen. Kreativität, Neugier und Fantasie gedeihen nur im grenzenlosen Raum, in dem alles jederzeit neu und anders gedacht werden darf.

Den wichtigsten Beitrag zu einer funktionierenden Dissenskultur aber müssen jene leisten, die nicht mit der Mehrheit konform gehen. Ob Querdenker in einer Gruppe Erfolg haben, hängt zuallererst von ihnen selbst ab. Sie können schon am Anfang einer Diskussion alles ruinieren – oder sie machen es wie Henry Fonda. Was macht einen erfolgreichen Querdenker aus? Noch einmal dient »Die zwölf Geschworenen« als Lehrbeispiel.

Zunächst, als sich die Geschworenen nach der Verhandlung in ihr Zimmer zurückziehen, deutet zunächst nichts darauf hin, dass es hier bald zu heftigen Auseinandersetzungen kommen wird. Juror Nummer acht hält sich zurück, er erhebt nicht das Wort, stattdessen sondiert er das Terrain. Als er in einer ersten Abstimmung Farbe bekennen muss, tut er dies seelenruhig. Er behauptet nicht, der junge Mann sei unschuldig – diese Position wäre zu diesem Zeitpunkt ein viel zu großer Affront für die übrigen Mitglieder der Jury –; er sagt nur, er habe Zweifel, die er gern erörtern möchte.

In den folgenden 90 Minuten macht Juror Nummer acht alles richtig. Er hält sich zurück, bleibt aber unbeirrt bei seiner Meinung. Er legt Wert auf absolut korrekten Umgang mit seinen Gegnern; er bleibt auch dann ruhig, als diese ihn anbrüllen, beschimpfen, sogar angreifen wollen. Er sucht durch stille Beobachtung die Lücke im Bollwerk der Mehrheit, den unsicheren Kantonisten, dessen Schweigen vielleicht ein Indiz dafür sein könnte, dass er sich seiner Sache gar nicht so sicher ist. Den Wortführern dagegen stellt er kleine Fallen, in denen sich ihre Argumentation in Widersprüchen verfängt. Dann taktiert er intelligent: Nachdem er seine Argumente dargelegt hat, bittet Juror Nummer acht um eine erneute Abstimmung, diesmal aber geheim. Er bietet an, seinen Widerspruch aufzugeben, sollten alle anderen nach wie vor einstimmig für schuldig votieren. Das macht ihn zum Märtyrer. Und tatsächlich: In der geheimen Abstimmung wechselt einer der Stillen die Seite. Das Bollwerk bröckelt.

»Bleibe im Dialog respektvoll, aber in der Sache hart«, rät Charlan Nemeth allen, die sich gegen eine Mehrheit stellen. »Wer in seiner Meinung nicht sicher auftritt oder wer sehr früh beginnt, Kompromisse einzugehen, kann es auch gleich vergessen«, so die Sozialpsychologin. »Nur wer beständig, ausdauernd und beharrlich bleibt, hat eine Chance, sich durchzusetzen.« Für längere Auseinandersetzungen gilt: Wer sich widersetzt, muss bereit sein, die soziale Isolation wenigstens eine Zeitlang auszuhalten. »Minderheiten haben meist nicht das Privileg, sowohl die Mehrheit beeinflussen zu können und zugleich noch Freunde zu gewinnen. Wer konsistent bei seiner Meinung bleibt, wird nicht unbedingt dafür gemocht.«

Trotzdem, warnt Nemeth, ist es wichtig, nicht zum ewigen Neinsager zu werden. »Es lohnt sich, sich seine Schlachten auszusuchen.« Wer bei jeder Frage stets verneint, wird schnell als Querulant abgetan. Querulanten aber sind leicht abzuqualifizieren. »Die besten Chancen hat, wer nicht feindselig auftritt, sondern inspirierend, aufmerksam und neugierig.«

Charlan Nemeth hat über Jahre Nobelpreisträger in Physik und Chemie interviewt, in mehreren Interviews über jeweils mehrere Stunden. In ihnen, so sagt sie, finden sich viele Charaktereigenschaften, die erfolgreiche Querdenker auszeichnen. »Ich bin überzeugt, dass Querdenker kreativ veranlagt sind und dass sich das schon sehr früh zeigt. Sie sind sehr unabhängig, schon als Kinder wissen sie, dass Lehrer sich irren können.« Die Nobelpreisträger, die Nemeth befragte, waren in ihrem Forschungsfeld oft isoliert. »Die meisten Kollegen halten sie für fehlgeleitet und glauben, dass sie nur ihre Zeit verschwenden, doch das ist ihnen egal.«

Querdenker gehen unkonventionelle Wege, weil sie einem Leitstern folgen, der sie in eine Richtung lockt, die andere nie für wert erachteten, erforscht zu werden. Der Leitstern kann eine Überzeugung sein, auch eine fixe Idee. Doch manchmal ist es einfach nur eine Frage, auf die es keine befriedigende Antwort gibt. Eine Frage, die nicht mehr aus dem Kopf gehen will. Von der Macht der richtigen Fragen, und warum sie die schärfste Waffe der Querdenker sind, handelt das folgende Kapitel.

6. Die Kunst der Frage

WIE DAS »WARUM?« ZUM WICHTIGSTEN WERKZEUG DER QUERDENKER WIRD

Der Herr der Fragen lebt in der großen Stadt, aber für die wirklich wichtigen Fragen ist New York zu laut, zu schnell, zu bunt. Für die wirklich wichtigen Fragen zieht er sich auf sein Landhaus zurück. Weit genug weg von der Stadt, um Ruhe zu finden von ihrem Getriebe, aber nahe genug, um nicht in stumpfe Grübelei zu verfallen. Dorthin, in das Landhaus, lädt er seine Besucher ein, wenn es nicht um Geld geht, sondern um die Leidenschaft. Um die ungelösten Fragen, die uns wirklich bewegen.

Links oder rechts? Das Navigationsgerät weiß keinen Rat. Wo nur liegt die Eastover Farm in Bethlehem?

Connecticut ist in dieser Gegend, 90 Meilen von New York entfernt, ländlich, fast schon pastoral. Die Straßen folgen faul einem groben Quadratraster, um es dann in abgekürzten sanften Kurven zu betrügen. Manche der einfachen Landhäuser verwahrlosen hinter wuchernden Büschen, andere sind bis auf den letzten Nagel restauriert, mit frisch geschotterten Hofeinfahrten. Hier ist es so einsam, sagt John Brockman, dass er schon mal den Schriftsteller Philip Roth zufällig in einem *diner* getroffen habe. Allein.

Der Herr der Fragen wohnt auf einem kleinen Hügel, in einem komfortablen Holzhaus mit knarzenden Dielen und einer Terrasse, die beschattet wird von einem alten Ahornbaum. Unter diesem Ahornbaum, sagt John Brockman, saßen der Paläontologe Stephen Jay Gould und der Philosoph Daniel C. Dennett und haben sich über Evolution gestritten. »August 1995! Das war ein Wendepunkt der modernen Geistesgeschichte!«, sagt John Brockman, kaum dass man sich die Hand gegeben hat. »Und Marvin Minsky und Nicholas Humphrey waren auch da!« So wird das nun für Stunden gehen: Namen über Namen, Anekdoten über Anekdoten. Und Fragen. Viele Fragen.

Werden Computer erst dann intelligent, wenn sie anfangen, Sex zu haben? Brauchen wir eine neue Physik, um die Navigation von Brieftauben erklären zu können? Sind Ureinwohner meist kriegerisch und außerdem noch Umweltschweine?

»Mit oder ohne Zucker?« Glucksend schiebt John Brockman seinem Besucher einen Espresso über den Glastisch. Über die Macht der Fragen kann er stundenlang diskutieren. Mit den richtigen Fragen zur richtigen Zeit hat er es zu Ruhm und Reichtum gebracht, als Literaturagent wissenschaftlicher Shootingstars und von Nobelpreisträgern. Büro an der Fifth Avenue in New York und dieses Landhaus in Connecticut. Jetzt trägt er ein hellgelbes Polohemd, doch bei wichtigen Anlässen tritt er mit weißem Panamahut auf und im hellen Anzug. Und fragt man ihn nach seiner Berufung, reckt er das Kinn leicht vor und sagt: »Ich bin der Impresario.«

Doch seine unruhigen Augen betrügen die große Geste. Noch heute, mit 70 Jahren, macht er den Eindruck eines Menschen, der sich danach sehnt, dass ihm sein Hirn einmal Ruhe gönnt. So viele Fragen! Gibt es eine göttliche Wissenschaft? Sollen wir die Schule abschaffen? Ist es egal, wie Eltern ihre Kinder erziehen?

Die Kunst einer guten Frage ist es, die Balance zu finden zwischen dem Abstrakten und dem Persönlichen, sagt John Brockmann. Rückt die runde Brille zurecht, legt den Kopf schief. Eine gute Frage, theoretisiert er, lädt zu einer Antwort ein, die auf Erfahrung gründet, aber die größer, umfassender ist als diese Erfahrung.» Eine Frage, die viele mögliche Antworten hat. Oder wenigstens eine Frage, auf die der Fragende noch keine Antwort hat.«

Gute Fragen sind jene Fragen, die Querdenker umtreiben. Fragen, die andere aufgegeben haben, die sie sich nicht trauen zu stellen.

Wie entscheiden wir, wessen Leben am meisten wert ist? Sind den Religionen mehr Menschen zum Opfer gefallen als den Nazis? Kann Tanzen die Welt verändern?

Die Kunst des Fragens, »den Wert des Interrogativen« lernt der noch junge John Brockman von James Lee Byars, einem amerikanischen Bildhauer und Performancekünstler, der sich für seine Auftritte in Anzüge aus weißem Leinen, schwarzem Samt, roter Seide oder Goldlamé kleidet. In Byars' Werk spielen die Reduktion auf das Wesentliche und das Abwesende eine wichtige Rolle; Fragen sind wichtiger als Antworten. »Für Byars wurden Fragen durch eine Antwort beschmutzt und anulliert«, schrieb ein Kunstkritiker. »Die Antwort war Verrat am freien Geist der Frage.« In den 1970er-Jahren gründet Byars am Hudson Institute – einem konservativen Think Tank nahe New York – das »World Question Center«. Er stellt eine Liste der 100 seiner Meinung nach brillantesten Köpfe der Welt zusammen und ruft sie der Reihe nach an. Welche Frage ist es, will Byars wissen, die Sie sich selbst stellen? Auf welche Frage haben Sie keine Antwort?

70 der Angerufenen legen auf, ohne zu antworten. James Lee Byars wendet sich anderen Projekten zu; John Brockman aber lässt die Idee vom »World Question Center« keine Ruhe mehr. In den Fragen steckt mehr als in den Antworten, ahnt er. Die Welt ist voller Erklärungen und Definitionen. Aber viel interessanter als das, was wir wissen, ist das, was wir zu wissen begehren. Brockman organisiert den »Reality Club«, einen losen Verbund von Den-

kern und Wissenschaftlern, die sich in New Yorker Akademien, Wohnzimmern, Banken, Museen, Tanzhallen zusammenfinden, um ihre Ideen zu diskutieren. »Die Realität ist eine Übereinkunft. Der Reality Club will bis zur Absturzkante des Weltwissens vordringen«, dichtet der Impresario, »ein intellektuelles Abenteuer. Die stetige Neu-Erfindung der Realität.« Brockman will die »weltklügsten Denker in einem Raum versammeln, damit sie sich gegenseitig all die Fragen stellen, auf die sie selbst keine Antwort haben«.

1991 beschreibt John Brockman in einem Essay eine Bewegung, die er *third culture* nennt. Der Essay will die Figur des Intellektuellen neu definieren. Die »dritte Kultur« ist eine Referenz zur Theorie des britischen Autors Charles Percy Snow, der 1959 in einer Rede an der Cambridge University das Auseinanderdriften der beiden etablierten, aber konkurrierenden Kulturen beklagt hatte: auf der einen Seite die literarisch-humanistische, auf der anderen die naturwissenschaftlich-technische. Hier die Welt Shakespeares, dort die Isaac Newtons. Die literarisch gebildeten Intellektuellen, beklagte C. P. Snow, seien stolz auf ihre Bibliothek voller Klassiker, aber vollkommen ignorant gegenüber den Fortschritten der Wissenschaft. Snow benutzte einfache Fragen, um große Hohlräume im Wissen seiner Zeitgenossen freizulegen: Was bedeutet eigentlich »Masse«? Was bedeutet »Beschleunigung«? Wie lautet der zweite Hauptsatz der Thermodynamik? Die wenigsten seiner humanistisch hochgebildeten Kollegen wussten auf diese Fragen etwas zu antworten. Das sei ungefähr so, als habe man noch gar nicht lesen gelernt, klagte Snow: »Während das große Gebäude der modernen Physik errichtet wird, versteht die Mehrheit der klügsten Menschen der westlichen Welt davon nicht viel mehr als ihre jungsteinzeitlichen Vorfahren.«

Mit drei einfachen Fragen hatte er die intellektuelle Elite seines Landes in die Defensive gedrängt.

Darauf gründet sich John Brockman, als er in seinem Essay von 1991 ein neues intellektuelles Ideal einfordert. Die »dritte Kultur« setzt den Wissenschaftler an die intellektuelle Spitze, doch sie erlaubt es ihm nicht, es sich im Elfenbeinturm oder im Kreis der Kollegen bequem zu machen. Der fortgesetzte Dialog aller Wissenschaften soll den Forscher zwingen, sein Spezialistenghetto zu verlassen und die Welt aus einem anderen Blickwinkel zu betrachten. Diese dritte Kultur zelebriert den klugen Gedanken, der auf der intelligenten Frage beruht. Sie soll ein Gegenmodell sein zur »Anästhesiologie der Weisheit«: Sag mir nicht, was du weißt – sag mir, was du wissen willst. Es ist der Versuch, eine Dissenskultur auf höchstem Niveau zu errichten: keine etablierten Hierarchien. Kein Gedanke ist unkeusch, keine Frage falsch.

Braucht es ein Selbst, um zu leben? Warum wollen wir gerecht sein, wenn wir wissen, dass nicht alle Menschen gleich sind? Können wir lernen zu sterben?

Fragen sind das Hämmerchen, mit dem wir klopfend die Statik der Stützpfeiler prüfen, auf denen wir unser Weltbild errichten. Hält das Gemauerte? Oder klingt es doch ziemlich hohl?

Auf der Eastover Farm, dem Landhaus von John Brockman in Connecticut, diskutieren seitdem immer wieder auf der Terrasse unter dem alten Ahornbaum Geologen mit Genetikern, Psychiater mit Informatikern, Atomforscher mit Evolutionsbiologen über die letzten Menschheitsfragen. Sollte das elitär klingen, ist das durchaus gewollt. »Wenn wir ehrlich sind, übernehmen auf der Welt doch sehr wenige Menschen die Denkarbeit für den Rest von uns«, sagt Brockman. »Es ist nicht leicht, einen genialen Gedanken zu haben. Manche haben einen einzigen in ihrem Leben. Die meisten haben nie einen.«

Brockman hat es sich zur Aufgabe gemacht, geniale Gedanken einer möglichst großen Öffentlichkeit bekannt zu machen. »Wissenschaft lebt vom Austausch der Ideen. Diesen Austausch zuwege zu bringen, das ist meine Rolle.« Unter Forschern aller Disziplinen hat er sich einen Namen als rastloser Buchagent gemacht, der Verlagen Vorschüsse für wissenschaftliche Sachbücher abhandelt, die früher allenfalls Literaten zugestanden wurden.

Seit 1997 hat der intellektuelle Schlagabtausch eine zweite Heimat im Internet auf *www.edge.org*. Wenn Kreativitätsforscher raten, einen Bekanntenkreis aus Menschen mit möglichst unterschiedlichen Interessen zu pflegen, so verkörpert Edge dieses Ideal auf höchstem Niveau. Und noch immer sind es die Fragen, die das Projekt Edge antreiben: Einmal im Jahr versammelt Brockman seine virtuelle Gemeinde, um über die »Frage des Jahres« nachzusinnen. Es ist die Fortsetzung des »World Question Center« mit den Mitteln des Internets: Worüber haben Sie Ihre Meinung geändert, und warum? Was halten Sie für wahr, obwohl Sie es nicht beweisen können? Worüber sind Sie optimistisch?

Gute Edge-Fragen sind Fragen, die den Widerspruch zum Konsens herausfordern. Fragen, die es darauf anlegen, Querdenker aus ihren Labors ans Licht zu holen.

Die Edge-Frage 1999: Was war die wichtigste Erfindung der vergangenen 2000 Jahre? Computer? Internet? Das Auto? Nein: Das Heu, antwortet Freeman Dyson, Physiker. Zu Zeiten der Römer und Griechen gab es kein Heu, und Zivilisation konnte nur im warmen Klima gedeihen. Erst das Heu ermöglichte es, Pferde durch den Winter zu bringen, und Pferde waren die Voraussetzung für eine urbane Zivilisation, argumentiert Dyson. Das Heu brachte der Welt Wien, Paris, London und Berlin, New York.

Die wichtigste Erfindung: Gut ein Dutzend Beiträge votierten für die Pille, weil sie die Frauen vom Zwang zum Gebären befreit und das Bevölkerungswachstum kontrollieren hilft. Für den Informatiker W. Daniel Hillis ist dagegen die Uhr die wichtigste Erfindung, »die Verkörperung der Objektivität«. Erst dank der Uhr wird aus dem persönlichen Erlebnis Zeit eine Realität, die unabhängig von der Wahrnehmung besteht. Die Uhr gibt der Wissenschaft den Rahmen, in dem die Natur beobachtet und quantifiziert werden kann: »Der Mechanismus der Uhr gab uns eine Metapher für das autonome Wirken der Naturgesetze.«

»Merkst du etwas, John?«, schrieb James J. O'Donnell, der Philologe, »jeder hält gerade das für das Wichtigste, wovon er zufällig Ahnung hat.«

Brockman war zufrieden: Je bunter die Antworten, desto befruchtender der Austausch. Die Edge-Spielwiese ist das Äquivalent zur Idee des Wissenschaftsbetriebs als Zirkuszelt, wie sie Elliot Aronson beschreibt.

Welche Idee wird alles verändern?, war die Frage des Jahres 2009. Welchen wissenschaftlichen Durchbruch werden wir erleben, der die Welt, wie wir sie heute kennen, grundlegend neu definieren wird?

Ehen zwischen Robotern und Menschen zum Beispiel, antwortete die Psychologin Sherry Turkle, die am renommierten Massachusetts Institute of Technology forscht. »Es wird mit Robotern beginnen, die alten Menschen Gesellschaft leisten, nach dem Motto: ›Besser als nichts.‹« Aber nach und nach, glaubt Sherry Turkle, werden Roboter als die besseren Gefährten angesehen werden. Sie werden für Eigenschaften gepriesen werden, die Menschen schwerfallen: Sie vergessen nichts, sie haben unendlich viel Geduld und bieten ungeteilte Aufmerksamkeit. »Wenn ich Menschen davon erzähle, dass ich mit Robotern arbeite, erzählen sie mir immer von den Enttäuschungen, die ihnen andere Menschen bereiten. Sie erzählen von Männern, die ihre Frauen betrügen, von Frauen, die einen Orgasmus vortäuschen, und von drogensüchtigen Kindern. Sie sagen: ›Wir wissen nie, was in der anderen Person wirklich vorgeht. Menschen machen einem etwas vor. Roboter wären sicherer‹«, so Turkle in ihrem Beitrag. Aber Ehen zwischen Robotern und Menschen? Ist der Gedankensprung vom mechanischen Altenpfleger zum blechernen Lebensgefährten nicht etwas zu weit gegriffen? »Eine Studentin sagte mir, sie würde ihren Freund am liebsten gegen einen kultivierten japanischen Roboter eintauschen, wenn dieser mitfühlendes Verhalten zeigte. Es wäre egal, sagte sie, wenn dieses Verhalten einstudiert wäre«, schreibt Turkle. »Ich fragte sie, ob sie scherzte. Sie verneinte.«

Welche Idee wird alles verändern? Auch dies eine Frage, die die Edge-Geister anspornt querzudenken. Die Kryonik werde alles verändern, schreibt der Elektroingenieur Bart Kosko. »Heute verbrennen oder vergraben wir die Gehirne toter Menschen. Beide Entsorgungstechniken führen zum unwiederbringlichen Verlust aller Information über die Persönlichkeit.« Die Alternative zu dieser »neuralen Informations-Apokalypse«: Kosko ist sicher, dass schon bald die Mittelklasse bezahlbaren Zugang zu Anlagen haben wird, in denen die Menschen nach ihrem Ableben ihr Gehirn einfrieren lassen können.

Der Psychologe Gary F. Marcus von der New York University, der zum Spracherwerb bei Kleinkindern forscht, glaubt, dass es bald gelingen könnte, die »Sprache des Gehirns« zu entschlüsseln. Die bisherigen Möglichkeiten der Hirnforschung, die bildgebenden Verfahren hält er für weitaus zu grob und ungenau. »Im Moment verstehen wir vielleicht ein wenig des grundlegenden Alphabets: Wie Neuronen Impulse abgeben, wie sie sich zu Synapsen formen. Aber wir sind noch nicht in der Lage, die Worte zu verstehen, und schon gar nicht ganze Sätze.« Gelänge es aber, die Sprache des Gehirns zu übersetzen, werde sich die Beziehung von Mensch und Computern grundlegend verändern.

Im Jahr 2005 fordert John Brockman die Edge-Gemeinde heraus, sich in jenes verminte Gelände zu begeben, in das sie sich in ihrer professionellen Karriere nur selten wagen. Er fragte: Was halten Sie für wahr, obwohl Sie es nicht beweisen können?

Mit der Euphorie von Kindern, denen die Erzieherin die Tür zum Spielzimmer aufsperrt, stürzten sich Wissenschaftler aus aller Welt auf die Frage. »An etwas zu glauben, ohne zu wissen, dass es (noch) nicht bewiesen werden kann – das ist das Wesen der Physik!«, schrieb der Nobelpreisträger Leon Lederman. »Leute wie Dirac (Mitbegründer der Quantenphysik) und Poincaré (Mathematiker) und so weiter huldigten der Schönheit des Entwurfs und haben damit der Wahrheit, auf bizarre Weise, einen nachrangigen Platz eingeräumt.«

Der Mathematiker und CyberPunk-Aktivist Rudy Rucker glaubt, dass die Realität nur ein Romanentwurf ist. »Anstatt zu behaupten, dass es viele verschiedene Universen gibt, die nebeneinander existieren, schlage ich vor, dass die Realität eine Abfolge von Entwürfen ist, die immer wieder überarbeitet werden, wie die Entwürfe für einen Roman.« Doch der Autor dieses Romans ist niemals zufrieden: »Die Bearbeitungen sind nie zu Ende. Es gibt keine finale Version.« Was für ein poetischer Quergedanke!

Solche kühnen Theorien sind der Weg zu einer erfolgreichen Karriere, glaubt der Psychiater Randolph Nesse: »Ich kann es nicht beweisen, aber ich bin sicher, dass Menschen davon profitieren, an Dinge zu glauben, die sie nicht beweisen können«, antwortete Nesse auf Brockmans Frage. Nesses Antwort ist ein Plädoyer für Leidenschaft im wissenschaftlichen Diskurs und im Leben an sich: »Ich meine das todernst! Menschen, die manchmal mit aller Kraft einem Irrtum nachhängen, kommen besser voran als jene, die immer erst Beweise sehen wollen, bevor sie etwas glauben und danach handeln.«

»Es gibt keinen Kanon und keine autorisierte Liste akzeptabler Ideen«, erklärt John Brockman das Dissensprinzip auf *edge.org* im Internet. Querdenken kann nur funktionieren, wenn sich das Denken in alle Richtungen frei entfalten darf. »Die Stärke der dritten Kultur liegt gerade darin, dass sie Meinungsverschiedenheiten darüber aushalten kann, welche Ideen ernst genommen werden sollten.« Ihre Tugend ist es, aufgeschlossen zu sein gegenüber allem Neuen.

Aber darf man wirklich alles fragen? Manche Fragen sind schwer auszuhalten, wie die Sonde eines Zahnarztes, die tastend nach der Stelle sucht, an der sie Schmerz verursacht. Etwa: Wird Homosexualität durch eine Infektionskrankheit ausgelöst? Haben schwarze Männer einen höheren Testosteronspiegel als weiße? Leidet die durchschnittliche Intelligenz der westlichen Länder darunter, dass dumme Menschen mehr Kinder haben als kluge?

»Gefährliche Ideen« nannte der Psychologe Steven Pinker diese Fragen, mit denen er 2006 das Edge-Jahrbuch eröffnete. »Gefährlich nicht, weil sie falsch sind, sondern weil sie wahr sein könnten.« Pinker verteidigt die Rechte des Häretikers. »Wenn eine Idee wirklich falsch ist, muss man sie ans Licht bringen, um das zu erkennen.«

Unter dem Schutz dieser Freiheit sprießen auf der Edge-Spielwiese auch Gewächse, deren Genuss manchem Schwindel und Übelkeit verursachen. Biochemiker Craig Venter fantasiert darüber, dass es wünschenswert wäre, das menschliche Genom zu manipulieren. Und der Physiker Freeman Dyson räumt zwar ein, dass er von den Details und dem aktuellen Stand der Klimaforschung nicht viel verstehe, schreibt aber trotzdem, dass alle Szenarien zum Klimawandel »total übertrieben« seien. Der Biologe Lewis Wolpert sah »programmierbare Embryonen« voraus, die es den Eltern erlauben würden, sich ein Wunschbaby aus Tausenden möglichen Eigenschaften zusammenzustellen. Der Mathematiker Frank Tipler glaubt, dass es noch in den kommenden 20 bis 30 Jahren gelingen werde, eine künstliche Intelligenz hervorzubringen, die mit der menschlichen auf einer Stufe steht. Aber ist das eine gute Nachricht? Oder noch eine furchterregende Vision?

Für John Brockman ist das nebensächlich: Es zählt nur, ob eine Frage genügend provozierende Antworten hervorbringt, ob sie inspiriert. Die Edge-Gemeinde ist in den vergangenen Jahren immer weiter gewachsen; mehr als 300 000 Menschen weltweit haben den Newsletter abonniert.

Dennoch hat Brockman Sorge um den Diskurs: »Die Lust, sich zu streiten, lässt nach. Es findet weniger Austausch statt.« Das hat auch mit den Veränderungen im Internet zu tun. Edge stammt aus den Anfängen des World Wide Web und wurde gegründet mit dem Ethos und der Euphorie der ersten Jahre: Das Web wollte ein Ort sein, wo kollaborativ und kooperativ gesinnte Menschen Informationen austauschen, um sich gegenseitig mit dieser Information zu bereichern. Der Edge-Newsletter atmet diesen Geist noch heute; ein E-Mail-Konvolut von 30 000 Wörtern und mehr, und jedes wäre es wert, gelesen zu werden. Doch das Internet ist heute schneller, bunter und kommerzieller, und wer schneller surft, bleibt eher an der Oberfläche. Statt des Austauschs rückt heute die Selbstdarstellung in den Vordergrund: Waren die frühen Bulletin Boards auf dem Usenet noch Diskussionsrunden, dreht sich bei Twitter und Facebook nur noch alles um das »Ich und meine Welt«.

Natürlich hat John Brockman auch dafür schon die passende Frage gefunden: »Wie verändert das Internet unsere Art zu denken?«, war die Edge-Frage im Jahr 2010. Brockman brütet monatelang über der richtigen Frage, wägt Vorschläge ab, verwirft. Und dennoch: »Manche Fragen funktionieren, andere nicht. So genau lässt sich das nie vorhersagen«, sagt er, achselzuckend. Was aber macht den Unterschied?

Was macht eine wirklich gute Frage aus?

»Warum haben Sie es nicht gestoppt?« Der Interviewer David Frost streckt die Arme offen vom Körper weg, mit den Handflächen nach oben. Sein Gesichtsausdruck signalisiert Neugier, doch es ist nicht die Neugier des Journalisten. Es ist die Neugier des Boxers nach der gezielten Rechten, die am Kinn des Gegners landet: Schwankt er? Fällt er schon?

Frosts Gegenüber, der ehemalige US-amerikanische Präsident Richard Nixon, schwankt, doch noch fällt er nicht. David Frost hat ihn in die Ecke gedrängt: Er will wissen, wie sehr Nixon persönlich in die Watergate-Affäre verwickelt war. Seit Stunden versucht Nixon den Fragen des Interviewers auszuweichen, doch die Einschläge gelangen immer öfter ans Ziel, werden härter. Nixon stottert: »Weil ... zu dieser Zeit ... ich hatte ... ich wusste nicht, dass das Geld bezahlt werden würde.« Es ist ein Ausweichmanöver, das nicht mehr Agilität, sondern nur noch Schwäche demonstriert. Fast ungläubig sucht Nixon den Augenkontakt mit seinem unbarmherzigen Gegenüber. Aber Frost ist noch lange nicht fertig.

Die Auseinandersetzung des britischen Entertainers David Frost mit Richard Nixon im April 1977 gilt als eines der wichtigsten politischen Interviews des 20. Jahrhunderts. Drei Jahre zuvor war Nixon wegen der Watergate-Affäre von seinem Amt zurückgetreten, als erster und bisher einziger Präsident in der Geschichte der Vereinigten Staaten. Es war offensichtlich, dass Nixon tief in Watergate verstrickt war, doch war ihm juristisch nichts anzuhaben, nachdem ihn sein Nachfolger Gerald Ford nur einen Monat nach Amtsantritt bedingungslos begnadigt hatte. Das Interview des Entertainers mit dem Staatsmann zeigt, welche Macht die richtigen Fragen zur richtigen Zeit haben. Allein mit ein paar Fragen brachte Frost Nixon endgültig zu Fall.

Nixons Verhängnis nimmt 1976 seinen Lauf. Der britische Fernsehmoderator David Frost kontaktiert den Präsidenten im Ruhestand. Frost möchte Nixon 24 Stunden lang interviewen, aufgeteilt über mehrere Sitzungen, und ihn zu Innen- und Außenpolitik, zu seinem persönlichen Leben und zu Watergate befragen. Nixon fordert eine Million Dollar Honorar für die Sitzungen. Er schreibt gerade an seiner Autobiographie und hofft auf ein politisches Comeback. Die Interviews, hofft er, könnten ihm helfen, sich in der Öffentlichkeit reinzuwaschen, zumal David Frost für seine eher weichen Interviews mit Prominenten bekannt ist.

Die ersten Sitzungen geben Nixon allen Anlass zur Hoffnung. Frost scheint dem gut vorbereiteten Ex-Präsidenten offenbar nicht gewachsen; seine belanglosen Fragen prallen an Nixons stählern vorgetragenem Selbstbewusstsein ab. Frosts eigenes Recherche-Team macht dem Entertainer in den Pausen zwischen den Sitzungen Vorhaltungen, er nehme sein Gegenüber nicht hart genug ran. Ein Techniker scherzt, »Wenn Nixon so weiterredet, könnte ich ihn glatt wieder wählen«.

Frost steuert auf ein Desaster zu: Er könnte in die Geschichte eingehen als der Mann, der Nixon die Gelegenheit gegeben hat, sich zu rehabilitieren – und ihm dafür auch noch eine Million Dollar bezahlt hat. Nachdem 14 Stunden Interview bereits abgedreht sind, schließen sich die Rechercheure einige Tage mit Frost ein, um die Watergate-Sitzungen vorzubereiten.

Nixon geht locker und siegessicher in die nächste Runde; er glaubt, er habe nichts zu befürchten. Frost startet mit einer rechten Geraden: »Wenn wir auf die Watergate-Affäre schauen, jetzt, drei Jahre später – haben Sie das Gefühl, dass Sie in Ihrem Amt die Justiz behindert haben?« Nixon taumelt kurz und beginnt, der Frage mit Worten tänzelnd auszuweichen; eine Taktik, die er in den kommenden Stunden noch öfter versuchen wird. Doch ohne großen Erfolg.

Frost ist diesmal exzellent vorbereitet, er lässt sich durch die Ausweichmanöver nicht verwirren, er verliert das Ziel nicht aus den Augen. Er weiß, dass der Ex-Präsident tief in den Skandal verwickelt ist, und will, dass Nixon reinen Tisch macht. Immer wieder kreisen die Fragen um die Präsidentenberater Haldeman und Ehrlichman, die einen Einbruch in das Washingtoner *Watergate*-Hotel organisiert hatten, um dort im Hauptquartier der gegnerischen Demokraten zu spionieren. Frosts Fragen sind klar, präzise und treffen genau auf den Punkt.

»Als Sie davon erfahren haben – warum haben Sie nicht zum Telefon gegriffen und die Polizei gerufen?«

Nixon wankt, er beginnt hektisch mit den Augen zu blinzeln, doch er fängt sich und weicht weiter aus. Aber er wird unvorsichtig, er vernachlässigt die Deckung. Frost hat ihn da, wo er ihn haben will. Nixon versucht sich herauszureden, dass er allein aus politischen Gründen gehandelt habe, nicht aus persönlichem Ehrgeiz.

»Also, was Sie sagen«, hakt Frost ein, »bedeutet das, dass es bestimmte Situationen gibt, in denen der Präsident der Ansicht ist, im besten Interesse der Nation zu handeln, und etwas tun kann, das eigentlich illegal ist?«

Nixon stutzt kurz und antwortet: »Also, wenn der Präsident es macht, bedeutet das, dass es nicht illegal ist.«

Es ist der Satz, der das Fundament freilegt, auf das sich die Watergate-Affäre gründet. Nixon ist der Ansicht, im Zweifel über dem Gesetz zu stehen.

Eigentlich ist Nixon mit dieser Einlassung bereits politisch erledigt. Aber David Frost hat immer noch nicht genug. Er will, dass Nixon selbst einsieht, dass er mehr als nur einen lässlichen Fehler gemacht hat. Er will das Denkgebäude zum Einsturz bringen, in dem Nixon sich verschanzt hat. Er will Katharsis.

Als Nixon in einer seiner minutenlangen Antworten seine Verstrickung einräumt, aber abgeschwächt, sich windend, weiter verteidigend, dass er es zugelassen habe, dass »aus einer kleinen Sache eine große wurde« – da wirft Frost sein Klemmbrett auf den Tisch und fragt unumwunden: »Würden Sie noch weiter gehen? Sie haben Ihre Motive erklärt, wie Sie da reingeraten sind, aber würden Sie zum Kern der Sache gehen?«

»Würden Sie noch weiter gehen, damit die Menschen verstehen, was passiert ist?«

Nixons Augenlider flattern, sein markantes Kinn weicht zurück. Er kapituliert: »Was ... Was würden Sie sagen?«, fragt er Frost, hilflos. Es ist die Kapitulation. Zwar windet sich Nixon noch ein paar Mal, doch schließlich lässt er sich von Frost durchs Dunkel führen. Und sagt dann die Sätze, die in die Geschichte eingegangen sind:

»Ich habe meine Freunde im Stich gelassen. Ich habe das Land im Stich gelassen. Ich habe das amerikanische Volk im Stich gelassen, und diese Last muss ich für den Rest meines Lebens mit mir herumtragen.« Die Stimme wird höher, er kämpft mit den Tränen. »Mein politisches Leben ist vorbei. Ich werde nie wieder ein öffentliches Amt bekleiden.«

Wie hat David Frost geschafft, was keinem amerikanischen Fernsehjournalisten vor ihm gelungen war? Mit welchen Fragen hatte er Nixons Mauertaktik geknackt? Und welche Lehren lassen sich daraus für Querdenker ziehen, die sich womöglich einem ähnlichen Bollwerk an Ablehnung gegenübersehen?

Zuallererst hatte David Frost natürlich Zeit – derselbe Vorteil, den auch Juror Nummer acht im Film »Die zwölf Geschworenen« hatte. Die Geschworenen mussten so lange diskutieren, bis alle einer Meinung waren. Genau aus diesem Grund plädiert die Psychologin Charlan Nemeth dafür, dass schwerwiegende Entscheidungen einstimmig getroffen werden sollten: Das schützt den Querdenker davor, einfach ausgegrenzt zu werden. Und es verschafft ihm die Zeit, die er braucht, um zu überzeugen.

Auch Nixon konnte nicht einfach aufstehen und gehen. Nicht nur, weil er das Honorar von einer Million Dollar für die Interviews bekommen hatte, sondern vielmehr, weil es einem Schuldeingeständnis gleichgekommen wäre, hätte er abgebrochen. Außerdem verfügte Frost über ein eigenes Rechercheteam und den Vorteil der historischen Rückschau: Die Watergate-Affäre lag bereits drei Jahre zurück, etliche Details waren von anderen Journalisten recherchiert und offengelegt worden. Frost musste also nicht im Nebel stochern, sondern hatte genügend belastendes Material, mit dem er Nixon in die Enge treiben konnte.

Und trotzdem: Viele Interviewer wären auch unter diesen Bedingungen gescheitert. Nixon hatte das Gespräch mit dem festen Vorsatz begonnen, nichts zuzugeben, keine Fehler einzuräumen und sich reinzuwaschen. Er glaubte gegen alle Fragen gewappnet zu sein und hatte sich eine Strategie zurechtgelegt. Politiker werden oft dafür gescholten, dass sie ihr Publikum mit Standard-Antworten abspeisen. Aber wenn ein Interview nur vorgestanzte Antworten produziert, liegt das in erster Linie an den Fragen.

Nicht jede Frage hat die gleiche Qualität. Viele Fragen zeigen dem Gegenüber einen bequemen Weg zum Notausgang, anstatt ihn auf den Beichtstuhl zu setzen.

Das Erste, was Journalisten am Beginn ihrer Karriere lernen, sind die Grundfragen: Wer, wie, was, wann, wo, warum? Die Schönheit der einfachen Fragewörter liegt in ihrer Unausweichlichkeit. Sie hängen, einmal ausgesprochen, noch minutenlang in der Luft; so lange, bis die Frage beantwortet ist. Auf die Frage, »Wer hat diese Aktion autorisiert?«, »Wo waren Sie am 12. Dezember?«, »Warum haben Sie das getan?« und »Wann treten Sie zurück?« gibt es in der Regel nur zwei mögliche Antworten: Entweder die richtige – darauf ist der Fragende aus – oder den Versuch eines Ausweichmanövers, das den Antwortenden bloßstellt.

Leider sind diese einfachen Fragewörter oft auch das Erste, was Journalisten nach ihrer Ausbildung wieder vergessen. Stattdessen stellen sie aufgeblähte und wichtigtuerische Mehrfachfragen wie die BILD-Zeitung in einem »Exklusiv-Interview« am 11. März 2009:

»Frau Bundeskanzlerin, wenn es um den Zustand der CDU geht, muss BILD eigentlich gar nicht die Fragen stellen – Ihre Parteifreunde stellen sie längst öffentlich. Warum kritisiert die Parteivorsitzende den Papst? Tun wir genug für unsere konservative Klientel? Warum schützt die Parteichefin die Vorsitzende des Bundes der Vertriebenen, Erika Steinbach, nicht? Frau Bundeskanzlerin, was ist bloß los in der CDU?«

Die Frage wäre eher: Was ist bloß in diese Journalisten gefahren? Wer so fragt, darf keine klare Antwort erwarten. Angela Merkel kann sich aussuchen, auf welche der vielen Fragen sie antworten will, und ausweichen, ohne dass dies jemand merkt. Tatsächlich antwortet sie:

»Zu den einzelnen Fragen, die Sie ansprechen, antworte ich gerne. Lassen Sie mich vorneweg eines sagen: Ohne die große Volkspartei CDU wäre unser Land nicht das, was es heute ist.«

Eine Nichtantwort, ein Allgemeinplatz. Die Schuld daran trägt aber nicht die Bundeskanzlerin, die Schuld tragen die BILD-Reporter, denen es ja auch nur scheinbar darum ging, von Angela Merkel etwas zu erfahren. Aber auch scheinbar klare Fragen führen nicht unbedingt zum Ziel. So fragte das Handelsblatt am 14. Januar 2010:

»Frau Bundeskanzlerin, braucht die Koalition aus Union und FDP einen Neustart?«

Eine Steilvorlage. Was soll Angela Merkel auf diese Frage antworten? »Ja sicher, jetzt wo Sie es sagen«? Sie entscheidet sich dann doch für die naheliegende Antwort:

»Nein, wir haben unsere Arbeit mit zügigen Koalitionsverhandlungen bis zu den ersten Gesetzen kontinuierlich vorangetrieben.«

Interviews gehören im Journalismus – besonders in Deutschland – zu einem vernachlässigten Handwerk. Viele Fragerunden leiden darunter, dass die Journalisten ihre Rolle nicht wirklich verstehen. Journalisten behindert dabei dasselbe Problem, mit dem auch Querdenker zu kämpfen haben: Wir sind konditioniert, uns in positiven sozialen Zusammenhängen einander zu bestätigen. Wer ein Interview führt, versucht oft, erst eine Vertrauensbasis mit dem Gegenüber zu etablieren, in der Hoffnung, dass dieser daraufhin bereitwillig Informationen preisgibt, die der Fragende zu ergattern hofft. Journalisten beschwören gern, dass für ein gutes Interview »die Chemie stimmen« müsse.

Oft macht es aber gerade diese Vertrauensbasis schwer, zum Kern einer Sache vorzudringen. Nachfragen werden dann als quälend empfunden, eine Konfrontation mit unbequemen Fakten als Affront. Das mühsam gesponnene unsichtbare Band droht zu zerreißen – und der Frager hört auf, weiter nachzufragen. Eine solche Dynamik lässt sich vom Befragten leicht manipulieren. Das Ergebnis kann man zum Beispiel jeden Samstagabend in der Sportschau betrachten, wenn fußballbegeisterte Sportreporter kumpelhaft duzend die Spielerstars der Bundesliga zum Spielverlauf befragen: Immer die gleichen Fragen, und stets dieselbe Antwort. »Warum habt Ihr heute nicht gewonnen?« – »Na ja, der Gegner war auch stark, und am Ende haben die Tore gefehlt.«

Aber auch das Gegenteil, die aggressive Frontalattacke, führt nicht zum Ziel – weder im Interview noch in einer Runde, in der ein Querdenker einen Gruppenkonsens ins Wanken bringen möchte. Wer aggressiv attackiert, wirkt schnell verbissen, wenig souverän und unsachlich und lässt den Angegriffenen besser aussehen, abseits der fachlichen Qualität einer Frage.

Dass diese Fehler sich auch kombinieren lassen, bewies der deutsche Jung-Talker Benjamin von Stuckrad-Barre im Juni 2010 in einem Interview mit dem Migrantenphobiker Thilo Sarrazin. Nachdem er Sarrazin durch eine Mühle belangloser Fragen gedreht hat – »Was rührt Sie zu Tränen?« »Och, da muss ich jetzt lange überlegen« – und so eine freundliche Übereinkunft geschaffen hat, fragt er unvermittelt:

Stuckrad-Barre: »Sind Sie ein Rassist?«

Sarrazin: »Was ist das?«

Stuckrad-Barre: »Was ein Rassist ist?«

Sarrazin: »Ja, was ist das?«

Stuckrad-Barre: »Wollen wir uns setzen?«

Sarrazin hatte diese Frage sicher erwartet und antwortet mit einer Gegenfrage, auf die Stuckrad-Barre wiederum nicht vorbereitet war.

Geht es besser? Der kanadische Journalismuslehrer und Interviewexperte John Sawatsky beschäftigt sich seit Jahren mit der Kunst der richtigen Frage. Er hat sein Wissen aus zahllosen eigenen Interviews und vor allem deren Analyse destilliert und gibt es in Workshops an Kollegen weiter – nicht immer zu deren ungeteilter Freude: Oft stößt Sawatsky mit seinem gnadenlos handwerklichen Ansatz gerade bei jenen erfahrenen Journalisten auf Widerstand, die Interviews für eine Kunstform und sie zu führen für eine seltene Gabe halten.

Eine gute Frage, sagt Sawatsky, ist vor allem einfach, direkt und kurz. »Geschlossene« Fragen, die sich mit einem einfachen »Ja« oder »Nein« beantworten lassen – *»Frau Bundeskanzlerin, braucht die Koalition aus Union und FDP einen Neustart?«* – bringen meist nichts. Wichtig ist es, sein Gegenüber zum Reden zu bringen – und das gelingt nicht damit, dass man ihn an einen Stuhl fesselt und seinen Kopf auf die Tischplatte schlägt, wie in den Verhören amerikanischer Krimiserien üblich, sondern mit »offenen« Fragen und Nachfragen. Sawatsky rät, mit »Was?«, »Wie?« und »Warum?« zu beginnen, dann mit »Wer?«, »Wo?« und »Wann?« das Bild abzurunden. Die Schönheit der einfachen Fragewörter.

Sawatskys Wissen ist auch für Querdenker wichtig, die es mit einem etablierten Konsens aufnehmen wollen. Wer sein Gegenüber von seiner abweichenden Meinung überzeugen will, der hat einen schweren Stand, wenn er allein darauf vertraut, sein – überlegenes? – Wissen vorzutragen. Am ehesten lassen wir uns überzeugen, wenn wir uns Wissen in einem eigenen Erkenntnisprozess aneignen (und später überzeugt davon sein werden, dass es ohnehin unsere eigene Idee war). Wir nehmen Fragen auch deswegen ernst, weil sie uns ernst nehmen: Wenn wir gefragt werden, steigert dies unseren Selbstwert, unterstützt unsere Neigung zur positiven Selbstwahrnehmung. Wenn wir auf die Fragen, die uns ein Querdenker stellt, keine überzeugenden Antworten mehr finden, beginnen wir selbst umzudenken. So wie es Henry Fonda als Juror Nummer acht schaffte, die elf Geschworenen, die gegen ihn waren, allein dadurch umzustimmen, dass er immer wieder das in Frage stellte, was diese für selbstverständlich hielten. Was war passiert? Wie? Wo? Und warum?

Oft sind aber gerade die einfachen Fragen die schwersten. Journalisten, die sich womöglich wochenlang auf ein Interview vorbereitet haben, lassen sich gern dazu verleiten, ihre Fragen mit ihrem Wissen aufzuladen. Wer aber in der Frage schon die Hälfte der Antwort vorwegnimmt, langweilt sein Gegenüber und nimmt sich die Chance, etwas Neues zu erfahren. Noch schwerer fällt es Amateuren, eine wirklich gute, einfache Frage zu stellen. Das lässt sich bei jeder beliebigen Podiumsdiskussion studieren, wenn am Ende der Diskussion das Saalmikrofon freigegeben wird. Was dort zu hören ist, sind meist mit flammendem Eifer vorgetragene Redebeiträge – die meist kein einziges Fragewort enthalten.

Gute Fragen sind wie saubere Fenster, sagte Interviewexperte John Sawatsky vor Jahren in einem Interview mit der »American Journalism Review«: »Ein sauberes Fenster gibt einen perfekten Ausblick. Wenn wir Fragen stellen, wollen wir ein Fenster ins Innere einer Quelle auftun. Wenn wir diese Fragen mit unseren Werten beladen, ist es, als würden wir die Fenster beschmutzen. Es verschleiert die Sicht auf den See dahinter. Wer ein Interview liest, sollte die Fragen gar nicht wahrnehmen, so wie wir ein Fenster gar nicht wahrnehmen. Wir sollten auf den See dahinter schauen.«

Die besten Fragen sind also jene, die nichts weiter sein wollen als schlicht: Fragen. Die Voraussetzung dafür ist, dass die Frage nicht dazu dienen muss, eigenes Wissen zur Schau zu stellen, sondern dass sie tatsächlich mit dem Ziel gestellt wurde, etwas zu erfahren.

Gute Fragen beruhen auf einem urmenschlichen Trieb: der Neugier. Dazu mehr im nächsten Kapitel.

7. Neugier

WIE WIR UNS VON UNSEREM WISSENSDURST VERLEITEN LASSEN

Fortschritt in der Wissenschaft ist ohne Neugier undenkbar. Am Anfang alles Neuen steht die Lust an der Entdeckung. Immer wieder versuchen Menschen, die Grenzen des Bekannten weiter zu verschieben. Diese Lust gehört zu den urmenschlichen Eigenschaften – dennoch wissen wir nur wenig darüber. Was genau ist eigentlich Neugier? Und was passiert, wenn wir uns von ihr führen lassen? Wir sehen Dinge, die niemand vor uns gesehen hat. Zum Beispiel einen kleinen roten Punkt, der die Welt in Aufregung versetzt.

Frühjahr 1960, Malibu, Kalifornien. In den stillen Hügeln außerhalb des mondänen Badeorts, gleich hinter dem Highway Number One und nur ein paar hundert Meter vom Pazifik entfernt, sitzt Theodore Maiman in seinem Labor, mit dem Rechenschieber in der Hand, und geht seine Kalkulationen noch ein letztes Mal durch.

Er weiß: Er hat nur diesen einen Versuch. Geht er schief, ist Maiman gescheitert.

Vor wenigen Tagen erst ist sein Arbeitgeber, das Hughes Research Laboratory, hierher umgezogen, und Theodore Maiman, Physiker, 32 Jahre alt, steht unter Erfolgsdruck. Er versucht, den ersten Laser der Welt zu konstruieren, doch sein Budget geht langsam zur Neige. Undenkbar, die Direktoren des Labors um neues Geld zu bitten. Sie sind der Ansicht, dass Theodore Maiman ohnehin nur seine Zeit verschwendet. Sie finden, er solle lieber versuchen, mit den brandneuen »Computern« zu arbeiten, an »irgendwas Nützlichem«. Erst als Maiman droht, das Institut zu verlassen, um den Laser zu Hause in seiner Garage zu bauen, gestehen sie ihm überhaupt ein Projektbudget von 50 000 Dollar zu. Davon muss er Ausrüstung, Laborkräfte und sich selbst bezahlen. Ein Handgeld, mehr nicht.

Überall in den Vereinigten Staaten wird zu dieser Zeit am Laser gearbeitet. Fieberhaft forschen Physiker in den großen Laboratorien von Siemens, General Electric, IBM, Westinghouse, RCA und Bell. Schon 1916 hatte Albert Einstein postuliert, dass es möglich sein müsste, Atome gezielt zur Freigabe von Photonen anzuregen. 1928 gelang es, diese »stimulierte Emission« im Labor nachzuweisen. Theoretisch müsste sich damit ein künstlich gerichteter Lichtstrahl erzeugen lassen, heller als die Sonne und präziser als jedes Richtwerkzeug. Seit den 1920er-Jahren faseln Science-Fiction-Autoren von »Strahlenkanonen«. Diese Vision spukt nicht nur verkappten Sternenkriegern im Kopf herum, auch das Verteidigungsministerium im Washingtoner Pentagon will den Laser, bevor ihn womöglich die Sowjetunion bekommt. Doch das Pentagon setzt auf das falsche Pferd. Das Ministerium fördert das TRG-Labor im Bundesstaat New York, mit einer Million Dollar.

Theodore Maiman ist nicht nur finanziell fast am Ende seines Experiments angelangt; er läuft außerdem Gefahr, sich zum Gespött seiner Kollegen zu machen. Er glaubt, es sei möglich, den Laserstrahl aus einem Rubin heraus zu erzeugen. Unter Physikern gilt das Material zu dieser Zeit als ungeeignet, weil eine sehr hohe Lichtenergie nötig wäre, um den Rubin zum Strahlen zu bringen. Die Wahrscheinlichkeit, dass dies gelänge, liege unter einem Prozent, hat ein anderer Physiker in Kalifornien errechnet.

Alle anderen Labors stellen die Experimente mit Rubinen daraufhin ein.

Maiman geht die Berechnungen wieder und wieder durch, bis er einen Fehler entdeckt. Nach seinen Kalkulationen liegt die Chance bei über 75 Prozent, wenn die Lichtenergie nur hoch genug ist. Maiman hat eine Idee: Was wäre, wenn man statt eines Lichtstrahlers eine Blitzlampe verwendete? Blitzlampen sind auf extrem hohe Lichtintensitäten ausgelegt. Maiman entwirft eine Apparatur. Beim Chemieunternehmen Union Carbide bestellt er einen Zylinder aus künstlichem, poliertem Rubin; das Unternehmen braucht Monate, um das Material zu liefern.

Gegenüber seinen Kollegen in den großen Labors der Industrie hat der Außenseiter Theodore Maiman einen entscheidenden Vorteil: Er ist erst auf Umwegen zur Physik gekommen. Maiman wuchs in Los Angeles auf; sein Vater war Elektroingenieur und ein eher erfolgloser Erfinder. Schon als Kind half Theodore in der Werkstatt des Vaters aus; mit 12 verdiente er nebenher Geld in der Werkstatt eines örtlichen Unternehmens, indem er elektrische Ventile reparierte. Mit 14 betrieb er die Werkstatt ganz allein.

Als Maiman sich nach dem Zweiten Weltkrieg an der renommierten Stanford University um einen Studienplatz für Physik bewarb, wurde er zunächst abgelehnt. Er studierte stattdessen Elektrotechnik, besuchte aber alle Vorlesungen für Physik, bis er schließlich wechseln konnte. Seinen Doktortitel legte er beim Nobelpreisträger Willis Lamb ab. Während des Studiums hatte Maiman für Lambs Labor etliche elektronische Geräte konstruiert, sodass Lamb ihn erst ziehen ließ, nachdem Maiman einen Nachfolger für das Labor angelernt hatte.

Diese Fähigkeiten unterscheiden Maiman von den meisten seiner hochbezahlten Kollegen: Er kann einen Laser nicht nur zeichnen, er kann ihn *bauen*. Und er hat einen praktischen Hang,

Ideen mit einfachsten Mitteln zu verwirklichen. Die Apparatur, die er entwirft, ist so klein, dass sie auf einer Handfläche Platz hat. Sie besteht aus einer zur Spirale gedrehten Blitzlampe, die den Rubinstift – kaum größer als ein Fingerglied – umfängt. Die Grundflächen des Stifts hat Maiman selbst in seinem Labor mit Silber bedampft. Das Ganze packt er in einen innen spiegelnd polierten Zylinder, mit einem Loch an der Vorderseite. Dort soll der Laserstrahl austreten.

Am 16. Mai 1960 schließt Theodore Maiman seine winzige Laserkanone an die Stromquelle an, betätigt den Schalter – und sieht als erster Mensch einen Laserstrahl, flüchtig nur. Das Experiment ist beim ersten Anlauf geglückt. Maiman verfasst eine wissenschaftliche Abhandlung und reicht sie bei den »Physical Review Letters« ein, wo sie abgelehnt wird. Die Experten verstehen die Tragweite des Experiments nicht. Maiman wendet sich an »Nature«, wo das Papier unter dem Titel »Stimulated optical radiation in ruby« als eines der kürzesten in der Geschichte des Journals veröffentlicht wird: Begleitet von drei handgezeichneten Diagrammen in erhabener Schlichtheit, beschreibt Maiman sein Experiment in nicht einmal 300 Wörtern; Danksagungen eingeschlossen.

Wie konnte es einem 32-jährigen Außenseiter gelingen, mit einfachsten Mitteln die Fachwelt vorzuführen? Es sind eine Reihe von Eigenschaften, die Maimans Erfolg begründen. Maiman ist ein klassischer Querdenker, ein »freier Geist«, wie ihn ein Kollege beschreibt. Für einen jungen Physiker am Anfang seiner Karriere nimmt er einige Risiken auf sich; er stellt sich auch gegen die Direktoren seines Labors. Er lässt sich nicht davon beeindrucken, dass er ganz offensichtlich allein mit seiner Meinung steht, ein Rubinlaser könnte funktionieren. Er ist der Ansicht, dass die

Masse seiner Kollegen nur deswegen in eine bestimmte Richtung forscht, weil einige wenige Koryphäen im Fach den Ton vorgeben. Maiman nennt das spöttisch den »Guru-Effekt«.

Vor allem aber wird Theodore Maiman getrieben von einem Bedürfnis, das urmenschlich ist, aber nicht bei allen Menschen gleich ausgeprägt. Bis dato existiert der Laserstrahl nur als mathematisch-physikalische Figur, abstrakt, und in der Fantasie der Physik. Abgesehen von Science-Fiction-Autoren weiß noch niemand, wozu Laser überhaupt gut sein sollen. Für CD-Spieler, berührungsfreie Augenoperationen und Scannerkassen fehlt 1960 noch die Fantasie. Als Maiman später gefragt wird, was der Laser überhaupt kann, sagt er: »Es ist die Lösung zu einem Problem, das noch gesucht wird.«

Dennoch will Theodore Maiman schlicht wissen: Wie sieht ein Laserstrahl aus?

Menschliche Neugier ist die Grundlage des Forschertriebs, unseres Strebens nach Selbst- und Welterkenntnis. Thomas Gold, der unermüdliche Entdecker auf der Suche nach dem abiotischen Erdöl, geriet schon als Kind wegen seiner Neugier in Schwierigkeiten: Die Uhr, die er von seinem Vater geschenkt bekommen hatte, ließ ihm einfach keine Ruhe. Er musste sie auseinandernehmen, um zu begreifen, wie sie funktionierte. Später, als er in einem Essay die »Trägheit wissenschaftlichen Denkens« beklagt, erklärt er die Neugier zur reinsten aller Triebfedern, die einen Wissenschaftler antreiben: »Erst wenn andere Beweggründe hinzukommen, beginnt sich die Urteilskraft zu vernebeln.«

Der britische Hirnforscher Colin Blakemore wird im August 2010 von einem Journalisten gefragt, was sein erstes Experiment überhaupt war. Er antwortet, dass er im Alter von 12 Jahren großen Spaß daran hatte, die Kellerasseln anzustupsen, die sich an der hinteren Küchentür seines Elternhauses eingenistet hatten.

»Ich mochte es, wie sie sich zu einem Bällchen zusammenrollten, wenn man sie anfasste. Aber nach ein paar Mal anstupsen hörten Sie auf, sich einzurollen.« Als Blakemore das »Experiment« am darauffolgenden Morgen wiederholte, ließen sich die Asseln immer noch nicht zum Einrollen animieren. »Ich dachte, offenbar hatte sich etwas in ihrem Nervensystem verändert. War es eine Erinnerung? Und wenn ja: Sind das Erinnerungen, wie wir sie haben?«

Diese Frage, sagt Blakemore, sei der Beginn seiner Karriere gewesen – bis heute beschäftigt er sich mit der Plastizität des Gehirns.

Immer häufiger folgen akademische Karrieren einem vorgezeichneten Lebenspfad, doch immer wieder lassen sich Forscher auch schlicht von ihrer Neugier leiten. Für den Biologen Tyrone Hayes war Neugier der Fahrschein zu einem völlig neuen Leben. Hayes wuchs in South Carolina auf, als ältester Sohn einer afroamerikanischen Unterschichtfamilie. Hayes' Vater war Teppichleger ohne Schulabschluss, die Mutter Hausfrau. Als Kind verbrachte Tyrone Stunden in den Congaree-Sümpfen nahe seiner Heimatstadt Columbia auf der Suche nach Schlangen, Schildkröten, Kröten und anderen Amphibien. Sein Forscherdrang brachte ihm ein Stipendium an der Harvard-Universität ein; heute lehrt er an der University of California in Berkeley. Seine Beobachtungsgabe, die er als Junge in den Sümpfen South Carolinas geschärft hatte, führte ihn zu einer alarmierenden Entdeckung: Das Herbizid Atrazin ruft in Amphibien schwere hormonale Störungen hervor, die sogar dazu führen können, dass Froschmännchen plötzlich Eier legen. Die verweiblichten Frösche, argumentiert Hayes, wirken als Frühwarnsystem für ein Gift, das auch Menschen gefährlich werden könnte. Inzwischen ist die Anwendung von Atrazin in Europa verboten.

Wie weit einen die Neugier auf ihren Schwingen tragen kann, zeigt auch der Fall der Biologin Carol Greider. Sie arbeitete im Jahr 1984 als Doktorandin im Labor der University of California in Berkeley, als sie gemeinsam mit einer Kollegin Wimpertierchen im Labor erforschte und dabei eine bahnbrechende Entdeckung zur Funktion des Enzyms Telomerase bei der Zellalterung und Zellteilung machte. Ihre Arbeit zur Funktion des Enzyms Telomerase gilt heute als wichtige Grundlagenforschung für die Bekämpfung von Krebs und altersbedingten Krankheiten. Im Jahr 2009 wurde Greider für die Entdeckung, die sie als 23-jährige Studentin gemacht hatte, mit dem Nobelpreis für Medizin ausgezeichnet. Für die Forschung an den Wimpertierchen, sagt Greider, habe es nur einen Grund gegeben: »Wir waren neugierig! Wir hatten keine Ahnung, dass diese Arbeit irgendwann einmal wichtig für die Krebsforschung werden könnte, und es war uns egal. Als ich an der Universität war, machte ich mir nie Gedanken darüber, ob ich einmal eine Professur bekommen würde. Das Einzige, was mich interessierte, war das Problem, an dem ich gerade forschte.«

Im englischen Sprachraum gibt es für Grundlagenforschung den Begriff »curiosity-driven research«, »neugiergetriebene Wissenschaft«. Dass Carol Greider so explizit auf Wissensdurst als Motiv ihrer bahnbrechenden Forschungen hinweist, hat sicher auch einen politischen Grund. In Zeiten, in denen die Universitäten sich mehr und mehr über Drittmittel finanzieren müssen, ist die Grundlagenforschung in die Defensive geraten. »Was Forscher wie mich fasziniert, ist die Tatsache, dass mit jeder Frage, die man glaubt beantwortet zu haben, sich drei, vier neue Fragen stellen«, wirbt Greider für das wagemutige Stochern im Nebel. »Natürlich kann man Forschung so betreiben, dass man versucht, gezielt eine

Lösung für ein bestimmtes Problem zu finden. Aber man kann auch mal auf seinen Instinkt vertrauen.«

Das Problem betrifft nicht nur die Welt der Wissenschaften. In einem Arbeitsumfeld, das mehr und mehr von Effizienz, von schneller Informationsübertragung und -verarbeitung geprägt ist, bleibt oft nur wenig Spielraum für nicht zielgerichtetes Ergründen einer Frage, deren Antwort keinen konkreten Fortschritt verspricht außer einem vagen Erkenntnisgewinn. Neugier lässt sich nicht in messbaren Größen fassen, sie lässt sich überhaupt nicht fassen: Sie braucht Zeit, Spielraum, einen regelfreien Raum, um sich zu entfalten.

Genau dies hält die österreichische Wissenschaftssoziologin Helga Nowotny, Autorin des Buches »Unersättliche Neugier. Innovation in einer fragilen Zukunft«, für notwendig. »Neugier ist in der wissenschaftlichen Forschung untrennbar mit der Unvorhersehbarkeit der Resultate verbunden«, postuliert Nowotny, die auch als Präsidentin des Europäischen Forschungsrates fungiert. Das bedeutet auch: Wer zielstrebig auf der Suche nach einem neuen Krebsmedikament ist, mag fleißig sein, gewissenhaft und innovativ – doch nicht wirklich neugierig. »Neugier impliziert eine gewisse Maßlosigkeit, ein gewisses notwendiges Übermaß.« Nowotny fordert aktiven »Schutz und Förderung der Neugier«, die von emotionaler Leidenschaft zeuge, »einem Zustand, in dem man unwillkürlich von einer Frage gefesselt ist«.

Leichtfüßiger hat das Albert Einstein formuliert. Er habe, sagte der geniale Physiker nonchalant, eigentlich »keine besondere Begabung«, bis auf eine: »Ich bin leidenschaftlich neugierig.« Der Urquell aller technischen Errungenschaften, sagte Einstein, »ist die göttliche Neugier und der Spieltrieb des bastelnden und grübelnden Forschers und nicht minder die konstruktive Fantasie des technischen Erfinders«.

Ist Neugier wirklich »göttlich«, wie Einstein vermutet? Was ist es eigentlich, das unseren Wissensdurst so drängend macht? Oder, noch schlichter gefragt: Was, genau, ist eigentlich »Neugier«?

Die Frage ist schwierig zu beantworten. Während die Forschung über die menschliche Intelligenz inzwischen Bände füllt – ohne deswegen zu einem Konsens zu gelangen, wie die immer neuen Konzepte zeigen, etwa zur »emotionalen« oder »sozialen Intelligenz« –, führt die Neugier in der Psychologie eher ein Schattendasein. So schreibt der Psychologe George Loewenstein in einer Meta-Analyse der Neugierforschung im Jahr 1994: »Trotz der weit verbreiteten Anerkennung, wie wichtig Neugier für die Bildung, den wissenschaftlichen Fortschritt und andere Bereiche menschlichen Handelns ist, bleiben nach einem Jahrhundert des Forschens und Theoretisierens weiterhin große Lücken in unserem Verständnis, was Neugier eigentlich ist.« Wir sind offenbar nicht neugierig genug, um unserer Neugier auf den Grund zu gehen.

Oder ist sie einfach zu schwer zu fassen? Während unsere Intelligenz uns treu zu Diensten steht, um unsere Umwelt zu erfassen und einzuordnen, haftet der Neugier etwas Anarchisches und Impulsives an. Sie lässt uns, obwohl wir es ungehörig finden, einen Blick auf den Computerbildschirm des Nebensitzers im Zug erhaschen; sie lässt uns bei Katastrophen manchmal zum Zentrum der Katastrophe laufen statt weg von ihr, in Richtung Sicherheit. Freud definierte Neugier als »Schaulust« und sah ihren Ursprung, wo sonst, im Sexualtrieb des Menschen.

Die Bibel ist voller Geschichten schwacher Menschen, die sich wider besseres Wissen ihrer Neugier hingeben: Eva wollte unbedingt wissen, was so schlimm daran sein sollte, vom Baum der Erkenntnis zu kosten, und biss herzhaft in den Apfel. Als die Engel den tugendfesten Lot und seine Frau aus der Lasterhöhle Sodom herausführten, mahnten sie ihn, zu fliehen und sich nicht umzusehen. Der brave Lot tut, wie ihm geheißen, aber seine Frau kann den übermächtigen Juckreiz der Neugier nicht mehr ertragen und dreht sich um. Sie erstarrt zur Salzsäule. Und in der griechischen Mythologie schafft es Pandora nicht, der Versuchung zu widerstehen, jene Büchse zu öffnen, die Zeus ihr als Geschenk für die Menschen mitgegeben hat.

Was Neugier schwer zu verstehen macht, ist die Tatsache, dass wir auf Dinge neugierig sind, die zu wissen uns keinen unmittelbaren Vorteil bringt. Dabei treibt uns die Neugier mit einer Leidenschaft, deren Macht sich auch in Worten wie »Wissensdurst«, »Wissbegier« und »Schaulust« ausdrückt: Offenbar handelt es sich um eine Triebkraft, die tief in unserem Menschsein verankert ist, ein Urbedürfnis wie der Hunger, der Durst oder eben – siehe Freud – die sexuelle Lust. Allerdings ebbt Neugier oft ebenso schnell ab, wie sie eben noch aufwallte: Im einen Moment brennen wir darauf, das Gesicht einer Person zu sehen, die wir in einer Menge nur von hinten sehen können, und gehen schneller, um einen Blick zu erhaschen. Doch selbst wenn es uns nicht gelingt, haben wir den Vorfall Minuten später wieder vergessen.

Der Psychologe George Loewenstein hat für dieses Verhalten die Theorie vom Phantomschmerz der Wissenslücke entworfen. Wenn wir, kaum merklich, unseren Schritt beschleunigen, um einen Blick auf die unbekannte Person zu erhaschen, wissen wir, dass es uns eigentlich egal ist, um wen es sich bei dieser Person handelt. Doch die Wissenslücke lässt uns keine Ruhe.

Entscheidend bei dieser Theorie: Die Neugier muss erst geweckt werden; durch eine, wenn auch kleine, Dosis an Information. Loewenstein erprobte diese Theorie mit Studenten, denen er auf einem Computerbildschirm jeweils eine Reihe verdeckter

Tierbilder zeigte. Nach und nach wurden fünf Bilder aufgedeckt, danach mussten die Teilnehmer »investieren«, um weitere Bilder zu sehen – entweder Zeit, weil sich die Bilder nur verzögert öffneten, oder Spielchips, von denen ihnen zu Beginn des Experiments zu wenig gegeben worden waren.

Die Psychologen variierten diesen Versuchsaufbau anhand der Bilder. Bei der einen Gruppe waren einfach fünf verschiedene Tierbilder zu sehen; weitere Klicks gaben weitere Bilder von immer neuen Tieren frei. Die Probanden dieser Gruppe verloren rasch das Interesse und hatten bald keine Lust mehr, Zeit oder Chips für neue Bilder auszugeben. Bei der zweiten Gruppe dagegen zeigten die Bilder Ausschnitte aus einem größeren Tierbild. Nach fünf Bildern ließ sich das Tier allenfalls erahnen, aber nicht klar bestimmen. Ist es ein Tiger? Eine Hauskatze? Ein Elefant oder ein Rhinozeros? Weitere Klicks gaben weitere Details frei. Die Teilnehmer aus dieser Gruppe waren deutlich eher bereit, Chips oder Zeit für weitere Bilder zu investieren – so lange, bis sie das Tier erraten konnten. Danach brachen sie ab, selbst wenn es noch weitere Details zu sehen gab.

Loewenstein glaubt, dass sich unsere Neugier wie ein umgekehrtes »U« entwickelt: Wird sie erst einmal angeregt, steigt sie rasch an, bis wir genügend Information gesammelt haben, und fällt dann ab. Geben wir also unserer ersten Neugier nach und erfahren mehr von einer Sache, steigt die Wissbegierde noch weiter an. Die Theorie konnte Loewenstein, der an der Carnegie Mellon University in Pittsburgh lehrt, gemeinsam mit Hirnforschern im Jahr 2008 noch weiter vertiefen. Dazu untersuchten die Forscher ihre Probanden im Hirnscanner, während sie ihnen Fragen stellten, die die Neugier anregen sollten. Manche Fragen waren nur bedingt dazu geeignet – etwa die triviale Frage nach dem Namen der Galaxie, zu der die Erde gehört. Vermutlich wussten die meisten Studenten bereits, dass es die Milchstraße ist. Andere Fragen dagegen lösten auf den Hirnscans deutliche Aktivität aus, etwa: Welches Organ des Büffels nutzten die Indianer, um gelbe Farbe herzustellen? Oder: Welches Instrument wurde erfunden, um dem Klang des menschlichen Gesangs möglichst ähnlich zu sein?

Die Probanden wurden dann darum gebeten, sowohl ihre Neugier auf die richtige Antwort einzuordnen als auch die Wahrscheinlichkeit, dass sie in der Lage wären, die richtige Antwort zu raten. Das Ergebnis über alle Probanden hinweg zeigte das von Loewenstein vorhergesagte »umgekehrte U«: Wer keine Ahnung von der möglichen Antwort hatte, war ebenso wenig neugierig wie diejenigen, die sich ihrer Antwort sicher waren. Am höchsten war die Neugier bei jenen, die ihre Chancen auf eine richtige Antwort bei 50 Prozent einschätzten.

Die Tests enthüllten noch weitere Details. Bei einem Gedächtnistest ein bis zwei Wochen nach dem Experiment schnitten jene Teilnehmer mit großem Abstand am besten ab, die besonders neugierig auf die Antwort gewesen waren, aber das Falsche geraten hatten. Neugier, so die Forscher, biete also ein großes Potenzial für Lehrer, in ihren Schülern »den Docht in der Kerze des Lernens zu entzünden«.

Deutlich war auch festzustellen, dass sich die Pupillen der Probanden zu erweitern begannen, kurz bevor sie die Antwort erfuhren, und kurz danach am weitesten geöffnet waren: Die Kurve gleicht einer Erregungswelle, die kurz nach Erhalten der Information ihren Höhepunkt erreicht und dann rasch zusammenbricht. Mit der Pupillenerweiterung signalisieren wir erhöhte Aufmerksamkeit, geschärfte Wahrnehmung, aber auch die Hoffnung auf Belohnung. Die eindeutige Verbindung von Neugier mit der kurzzeitigen Pupillenerweiterung signalisiert: Neugier ist die Hoffnung auf eine Information, die uns Befriedigung verschafft. Welche Art von Befriedigung, zeigt eine andere Studie, auf die wir gleich zu sprechen kommen.

In ihrem Fazit der Studie siedeln die Hirnforscher Neugier bei den Urtrieben an, deren Befriedigung wir unser Handeln immer wieder unterordnen. Die Tatsache, dass Neugier bis zu einem gewissen Punkt mit der Ungewissheit wächst, lässt vermuten, dass eine kleine Menge Wissen bereits genügt, um Neugier anzuregen, sagen die Forscher: »Ebenso wie olfaktorische und visuelle Reize uns hungrig machen, kann ein wenig Information genügen, um einen Heißhunger nach Wissen auszulösen.«

Dieselbe Metapher benutzt auch Irving Biederman, Hirnforscher an der University of Southern California, der sich vor allem mit der visuellen Wahrnehmung beschäftigt. Biederman hat die Terminologie der Fleisch- und Pflanzenfresser noch um einen weiteren Begriff erweitert: Er hält Menschen für geborene *infovores*, Informationsverschlinger. Zwar ordnet sich die Suche nach Informationen anderen Trieben unter – wenn wir Hunger oder Durst haben, rückt das Bedürfnis nach Informationen in den Hintergrund –, doch wenn wir satt, ausgeschlafen und zufrieden sind, geben wir uns nicht damit zufrieden, uns hinzusetzen und eine kahle Wand anzustarren. Dann will unser Gehirn unterhalten werden.

Aber wieso macht uns ausgerechnet die Frage neugierig, welches Organ die Indianer zur Herstellung der Farbe Gelb verwendeten? (Es war übrigens die Gallenblase.) Oder welches Instrument gebaut wurde, um den menschlichen Gesang zu imitieren? (Natürlich die schluchzende, wimmernde, jubilierende Violine!) Leidenschaftliche Informationsverschlinger schrecken auch vor schwer verdaulichen Brocken nicht zurück – etwa Fragen wie »Welches Meer ist nach einem mythologischen König benannt, der sich dort hineingestürzt haben soll?« Ist es das Ionische, Ägäische, Adriatische oder Kaspische Meer?

Wer über eine solide humanistische Bildung verfügt, wird unter großem bioenergetischem Aufwand in den Tiefen seines Gedächtnisses nach längst versunkenen Geschichtslektionen oder stillen Stunden in der Bibliothek graben. Die Antwort: Es ist das Ägäische Meer. Das wusste der Student Timur Hahn im Jahr 2007, nachdem er einen Bekannten per Telefon befragt hatte. Die Belohnung für diese Erkenntnis: eine Million Euro bei Günther Jauchs Fernsehshow »Wer wird Millionär?«.

Gut, für eine Million sind wir gern bereit, unseren Denkapparat anzuwerfen. Aber was ist mit den Millionen Zuschauern, die zu Hause vor dem Fernsehgerät mitraten? Oder die sich Woche für Woche den Kopf zerbrechen über Fragen wie »Was ist naturgewollt per Zug geholt?«, eine Frage aus »Um die Ecke gedacht«, dem Kreuzworträtsel der Wochenzeitung »Die Zeit«. Und schon rattert das Gehirn los: Naturgewollt? Per Zug geholt? Alle Assoziationen – Bahnhof, Bahnsteig, Fahrkarte – sind angetan, uns in die Irre zu führen. Aber je mehr wir an diesem Rätsel rumdenken, umso neugieriger werden wir. Warum tun wir uns das an?

Eine Erklärung dafür ist, dass Informationen, selbst wenn sie keinen direkten Nutzen versprechen, uns klüger machen oder jedenfalls erscheinen lassen. Kluge Menschen, argumentiert Biederman, haben bei der Partnerwahl die besseren Karten, »das gilt für jede menschliche Kultur, die je untersucht wurde«. Ob das tatsächlich immer zutrifft, sei dahingestellt. Aber ein evolutionäres Argument für den Nutzen des Informationshungers dürfte sein, dass kluge Menschen in brenzligen Situationen eher einen Ausweg finden. Unnützes Wissen kann in neuen Zusammenhängen plötzlich wertvoll werden.

Die eigentliche Triebfeder für die Neugier aber ist das Hochgefühl, das wir empfinden, wenn wir sie gestillt haben. »Wenn wir versuchen, ein komplexes mathematisches Theorem zu verstehen, macht das bestimmt keinen Spaß«, sagt Irving Biederman, »aber wenn wir es dann endlich begreifen, fühlen wir uns fabelhaft.« Im Kleinen funktioniert das auch mit dem Kreuzworträtsel der »Zeit«. Wie war das noch? Naturgewollt per Zug geholt? Natürlich ist es der Atem.

Irving Biederman hatte die Vermutung, dass sich für einen so urmenschlichen Trieb wie den Hunger nach Information eine biologische Entsprechung finden lassen müsste. Woher kommt das Wohlgefühl, die Erregung, die wir mit gestillter Neugier verbinden? Biederman vermutete, dass die körpereigenen Opioide dabei eine entscheidende Rolle spielen. Diese Opioide – opiumähnliche Stoffe – werden vom Körper zur Unterdrückung von Schmerz und Hunger eingesetzt, aber auch als »Belohnungshäppchen«. Sie können Euphorie auslösen, das ist ein Grund für das machtvolle Suchtpotenzial der Opium-Drogen Morphium und Heroin. Noch sind die Hirnforscher weit davon entfernt, alle Funktionen der Opioide genau bestimmen zu können. Ein Rätsel ist etwa, warum besonders viele Opioid-Rezeptoren entlang der »Sehbahn«, dem Weg der optischen Wahrnehmung vom Auge bis zum Gehirn, verortet sind. Werden Opioide ausgeschüttet, docken sie an diesen Rezeptoren an – und lösen jenes Hochgefühl aus, nach dem unser Gehirn so süchtig ist.

Genau diese Rezeptoren, wies Biederman nun bei Probanden im Hirnscanner nach, sind für unseren Hunger nach Information verantwortlich. Sie werden dann am stärksten aktiviert, wenn wir auf *neue* Informationen treffen, also etwas zum ersten Mal sehen oder erkennen. Dies ist ein Grund für den Reiz des Neuen: Die Euphorie, die wir verspüren, wenn wir zum ersten Mal die Skyline von New York sehen oder zum ersten Mal auf einem Berggipfel stehen, wird sich in dieser Intensität nicht wiederholen lassen. Das liegt daran, dass beim wiederholten Auftreffen derselben Information weniger Opioid-Rezeptoren aktiviert werden. Der visuelle Reiz schwächt sich ab.

Warum werden dann Kinder nicht müde, dieselbe Geschichte wieder und wieder zu hören? Dasselbe Hörbuch Tag für Tag in den CD-Spieler einzulegen? Auch dafür hat Biederman eine Erklärung: Werden die Kinder zu dieser Geschichte befragt, können sie diese zwar teils minutenlang aus dem Gedächtnis rezitieren – doch gibt es immer noch Dinge, die sie nicht verstehen. Wieso schläft Pippi Langstrumpf mit den Füßen auf dem Kopfkissen? Wieso lebt das Pferd auf der Veranda? »Erst wenn ein Kind die Geschichte komplett verstanden hat, wird es ihrer müde«, erklärt der Hirnforscher. Bis zu diesem Zeitpunkt bietet das erneute Hören immer wieder neue Erkenntnisse – jenen Moment des Verstehens, den das Gehirn mit einem Hochgefühl belohnt.

Die Dichte der Rezeptoren ist in jenem Bereich der Großhirnrinde am größten, der eine wichtige Rolle spielt beim Erkennen und Erinnern. Deswegen sind jene Informationen, die viele Anknüpfungspunkte im Gedächtnis finden, besonders einträglich für unser Gehirn. Das kann erklären, warum wir besonders neugierig sind, wenn wir schon ein wenig über einen Sachverhalt Bescheid wissen: Wer einmal eine Viertelstunde tief versunken vor dem Jahrhundert-Gemälde »Guernica« im Madrider Museo Reina Sofia verbracht hat, wird sich leicht verführen lassen, einen Magazinbeitrag über das Leben Picassos zu lesen. Und je eingehender wir uns mit Kunst beschäftigen, desto größer wird unser Wunsch, mehr darüber zu erfahren – und umso größer das Hochgefühl, wenn wir etwas Neues entdecken.

Die Neugier ist die Vorfreude auf das Erkennen und Begreifen der Welt und auf das Hochgefühl, das wir dabei empfinden.

Neugier ist also eine wunderbare Eigenschaft: Sie zeigt uns den Weg zum Hochgefühl des Begreifens, macht uns nebenbei klüger und damit, wenn wir Irving Biederman glauben wollen, auch begehrenswerter. Alles, was wir tun müssen, ist, uns von ihr führen zu lassen; egal, wohin sie uns leiten mag. Am besten gelingt das kleinen Kindern, die jedem Reiz nachgehen und das Neue mit großen Augen in sich einströmen lassen. So lange, bis wir Erwachsenen sie unterbrechen. Etwa, weil wir auf dem Weg in den Kindergarten sind und nicht *ewig* Zeit haben. Oder weil wir nicht wollen, dass sie sich die schönen Schuhe in der Pfütze schmutzig machen. Oder weil Kinder lernen müssen, dass man andere Menschen nicht einfach anstiert, seine Nase nicht in alles steckt und es Dinge gibt, die Kinder nichts angehen. Erwachsene sind erstklassige Neugierbremsen, und das ist häufig ein Problem.

Dass Kinder Neugier brauchen, um sich zu entwickeln, versteht sich von selbst: Ein Kind, das nur in einem leeren Zimmer sitzt, wird kaum einen messbaren Intellekt entwickeln. Tatsächlich gibt es einen klaren Zusammenhang zwischen Neugier und Intelligenz, das zeigt eine Reihe von Studien: Dreijährige, die größere Neugier und einen ausgeprägten Entdeckergeist zeigen, waren mit elf Jahren deutlich intelligenter als ihre Altersgenossen. Generell sind neugierige Studenten erfolgreicher. In einer großen Studie in Hongkong zeigte sich klar, wer am besten abschneidet: Neugierige Schüler in einem Schul-Umfeld, das ihnen viel abverlangt. Je schwieriger die Aufgaben waren und je neugieriger die Schüler, desto größer der schulische Erfolg. Und nicht nur das. Studenten, die von Natur aus weniger neugierig sind, zeigen eine größere Tendenz zum hedonistischen, aber oberflächlichen Leben, zu schnellen Reizspitzen, zu One-Night-Stands und Komasaufen inklusive verkaterter Nachwehen. Sex and Drugs: Nur ein letztlich unbefriedigender Ersatz für echte Neugier! Das gilt noch bis ins hohe Alter: Neugierige Menschen haben eine höhere Lebenserwartung und entwickeln seltener Alzheimer. Es mag allerdings auch umgekehrt sein – dass Alzheimer bereits lange bevor sich die Krankheit manifestiert zu einem Rückgang der Neugier führt.

Die Hongkonger Studie brachte noch eine andere, fast noch wichtigere Erkenntnis ans Licht. Wer schnitt am schlechtesten ab? Es waren nicht jene Schüler, die keine Neugier zeigten. Sondern wiederum die neugierigsten Schüler – wenn sie in einem Umfeld steckten, das ihre Neugier nicht herausforderte. Es ist das klassische Dilemma des hochbegabten Schülers im langweiligen Unterricht: Wer schon längst begriffen hat, was die anderen wieder und wieder durchkauen, verliert schnell die Lust, sich noch weiter zu beteiligen, und schickt seine Gedanken auf die Reise.

Neugier kann, wie der Hunger, ein Fluch oder ein Segen sein. Denn mit der Information ist es wie mit dem Essen: Es gibt sie in bunten Häppchen, lieblos zubereitet aus minderwertigen Zutaten, schnell verpackt und leicht verdaulich. Unter den häufigsten Google-Suchbegriffen 2010 waren »Katy Perry«, »Chatroulette« und »iPad«. Gewinner des Jahres war »Justin Bieber«. Das Interesse an Justin Bieber erreichte seinen Höhepunkt Anfang August, nachdem der Popstar angekündigt hatte, er werde seine Memoiren schreiben – mit 16 Jahren. Wer über einen Internetanschluss verfügt, kann seine Neugier stundenlang mit derartigem informationellem Fast Food befriedigen. Doch das macht das Gehirn voll, aber den Geist nicht satt.

Das ist vor allem deswegen bedauerlich, weil Neugier, wie Vitalität, eine Ressource ist, die sich mit zunehmendem Alter mehr und mehr zu erschöpfen scheint. Zwar gibt es auch Menschen, die noch mit 90 Jahren um die Welt reisen, die meisten aber winken ab.

Der Rückgang der Neugier mit zunehmendem Alter hat mehrere Gründe. Zum einen formen wir, während wir uns Tag für Tag dem Leben aussetzen, ein Bild von der Welt. Kinder mögen jeden Stein umdrehen und staunend die davonhuschenden Ameisen, Spinnen und Asseln beobachten; Erwachsene glauben zu wissen, was sich unter dem Stein befindet (auch wenn sie vielleicht schon längst vergessen haben, wie eine Assel aussieht, und unfähig wären, eine aus dem Gedächtnis zu zeichnen). Wir wissen, wie sich Baumrinde anfühlt, obwohl wir schon lange keine mehr angefasst haben; wie ein Aufzug funktioniert (ungefähr jedenfalls), wo im Supermarkt die Milch steht. All das hilft uns, uns einigermaßen unfallfrei und effizient in der Welt zu bewegen. Doch je mehr wir die Welt zu verstehen glauben, umso mehr leidet unser Forschergeist: been there, done that.

Dazu kommt, dass wir mit zunehmendem Alter immer öfter an Wegkreuzungen stehen, die uns Entscheidungen abverlangen. Kinder möchten Mondfahrer oder Pirat werden, Jugendliche können sich alles von Tänzer über Tierschützer bis Musiker vorstellen – Erwachsene sind Physiker geworden oder Hedgefondsmanager oder Altenpfleger. Wir sind an den Stadtrand gezogen oder eben nicht; wir fahren im Urlaub lieber nach Italien und nicht in die Türkei; und unsere politischen Ansichten, die vielleicht in jüngeren Jahren noch biegsamer waren, haben sich verfestigt. Wir fühlen uns in der Lage, unseren Kindern die Welt zu erklären. Wir sind *gereift*.

Diese Reife bedingt einen Verlust an Elastizität. Wir haben gewisse Gedanken endgültig verworfen – manche zu Recht, etwa den Gedanken, unter Hitler sei nicht alles schlecht gewesen; und manche zu Unrecht, etwa den Gedanken, dass wir noch einmal ganz von vorn anfangen könnten. Alles in allem gibt uns unsere Weltsicht *Sicherheit*, sie hilft uns jeden Tag, Entscheidungen zu treffen, deswegen sind wir bereit, sie zu verteidigen. Gegen Querdenker, die radikal anders leben als wir. Vor allem aber gegen unsere eigenen Zweifel.

Deshalb lassen wir mit den Jahren weniger und weniger Neugier zu. Je reifer wir werden, umso mehr haben wir zu verlieren. Denn Neugier, die Tugend der Kinder, kann uns Erwachsene teuer zu stehen kommen. Sie verlangt von uns den Mut, den sicheren Boden der eigenen Weltgewissheit aufzugeben und sich einem schwankenden Schiff anzuvertrauen, ohne zu wissen, wohin der Wind es treiben wird.

Als die Psychologin Charlan Nemeth Nobelpreisträger befragte, war dies eine der Eigenschaften, die alle Genies, quer durch die Bank, auszeichnete: Sie waren mutig genug, ihrer eigenen Neugier zu folgen. »Neugier kann ein phänomenaler Quell des Glücks sein«, sagt Charlan Nemeth, »weil sie unser Universum immer ein Stück größer werden lässt.« Neugier verleiht unserem Denken Elastizität und Frische, sie zerschmettert Klischees; sie befreit uns von der Vergangenheit. Neugier ist stets auf der Suche: nach dem nächsten Hochgefühl des Begreifens. Nach der nächsten genialen Idee.

Neugier ist die wichtigste Quelle unserer Kreativität. Mehr dazu im letzten Kapitel.

8. Kreativität

EIN LOB DER SERENDIPITY! WIE DAS NEUE IN DIE WELT KOMMT

Querdenker können nichts dafür: Eine Idee befällt einen Menschen ohne Vorwarnung. Sie scheint aus dem Nichts zu kommen, an einem sonnigen Tag oder beim Durchqueren eines Fußgängertunnels, und setzt sich augenblicklich fest in seinem Gehirn. Verschafft sich Platz, um zu wachsen. Was macht den Querdenker zum Querdenker? Es ist dieser Gedanke, der ihn aus der Bahn wirft, der zu seinem Leitstern wird.

Ideen sind der Rohstoff, der den menschlichen Fortschritt speist. Ideen formen die Welt, wie wir sie kennen. Aber wo kommen sie eigentlich her?

Der Astronom James Christy rechnet mit einem langweiligen Tag in der Dunkelkammer. Er ist nicht recht bei der Sache. Es ist Mittwoch, in der folgenden Woche will Christy, erst vor kurzem geschieden und nun frisch verheiratet, mit seiner neuen Frau in ein neues Apartment ziehen. Um dafür Zeit und den Kopf frei zu haben, schiebt er seit Tagen Überstunden im United States Naval Observatory in Washington. Als er alles abgearbeitet hat, was sich noch auf seinem Schreibtisch stapelt, bittet er seinen Chef Bob Harrington, ihm noch irgendetwas aufzugeben, mit dem er sich den Rest der Woche die Zeit vertreiben kann. Harrington zieht ein paar alte Aufnahmen des Planeten Pluto aus der Schublade, drückt sie Christy in die Hand und meint, schau dir doch die mal an. Keiner der beiden ahnt, dass Christy eine bahnbrechende Entdeckung machen würde, die seinen Namen auf ewig mit Pluto verbinden würde.

Christy, 40 Jahre alt, gilt am Institut als gewissenhafter Astronom, aber er ist keine Koryphäe auf seinem Gebiet. Er hat nie eine Doktorarbeit verfasst. Zum Sternenbeobachten kam er durch Zufall. Als Sohn strenggläubiger polnischer Einwanderer hätte er eigentlich Priester in Milwaukee werden sollen, doch als er im Alter von zehn Jahren an einer Niereninfektion erkrankte und der Arzt zu einem Klimawechsel riet, war die Familie umgezogen, ins heiße, trockene Arizona. Sie wohnten nicht weit vom Observatorium entfernt. Christys Interesse an den Sternen war geweckt, und als die Sowjetunion 1957 den ersten Sputnik-Satelliten ins All schoss, wurden in den USA händeringend Astronomen gesucht. Christy ließ sich bereitwillig vom Studium weg ins Observatorium einziehen.

In Washington war Christy die meiste Zeit damit beschäftigt, über ein großes Mikroskop gebeugt fotografische Aufnahmen des Sternenhimmels nach Himmelskörpern abzusuchen und deren exakte Position zu bestimmen. Es ist eine mühsame, nervtötende Arbeit in der Dunkelkammer. So auch am 22. Juni 1978, als sich Christy jene Aufnahmen vornimmt, die Bob Harrington ihm in die Hand gedrückt hatte. Kein Wunder, dass sie so lange unbeachtet in der Schublade gelegen hatten: Auf der Hülle der Aufnahmen stand »Image defective«. Pluto war auf diesen Teleskopbildern nicht viel deutlicher auszumachen als ein Fliegendreck auf einer Windschutzscheibe, ein Lichtfleck mit unregelmäßiger Oberfläche, umgeben von unzähligen kleinen Lichtflecken. Und dieser Lichtfleck Pluto war eigenartig in die Länge gezogen, eher ein Ei als eine Kugel.

An einem normalen Tag hätte sich Christy gar nicht die Mühe gemacht, die Aufnahmen noch einmal anzuschauen. In die Länge gezogene Lichtflecken taugen nun mal nicht, um die genaue Position zu bestimmen. Oft sind sie die Folge eines Aufnahmefehlers, etwa wenn das Teleskop während der anderthalbminütigen Aufnahmezeit nicht korrekt nachgeführt wird. Oder aufgrund schlechter Sichtverhältnisse, oder weil die Optik des Telekops nicht perfekt ausgeschliffen ist. Doch Christy hatte ohnehin nichts Besseres zu tun. Als er die Platten unters Mikroskop legte, konnte er die unregelmäßige Form tatsächlich sofort erkennen. Aber er sah noch etwas anderes: Die umliegenden Sterne waren tadellos abgebildet. Hätte das Teleskop tatsächlich nicht korrekt nachgezogen, müssten *alle* Sterne Eier sein. Doch allein Pluto hatte eine Beule. Und die Beule schien zu wandern: auf einer Aufnahme lag sie im Norden, auf einer anderen im Süden.

Christy hatte jahrelang Doppelsterne studiert, und plötzlich ging ihm ein Licht auf. Pluto hatte einen Mond!

»Jim, du bist verrückt«, sagte Harrington, als Christy die Entdeckung seinem Chef meldete. Pluto war 48 Jahre zuvor entdeckt worden; Tausende Astronomen hatten ihn seither beobachtet und keiner hatte je einen Mond entdeckt. Christy wusste selbst, dass seine Meldung ungefähr so logisch erscheinen musste, als hätte er behauptet, ein UFO gesehen zu haben. Im Institut gehörte er zum astronomischen Fußvolk, weder war er ein ausgewiesener Experte für Pluto, noch galt er als »Sternenfinder«. Doch die Theorie ließ ihm keine Ruhe. Er zog weitere Aufnahmen aus dem Archiv, manche Jahrzehnte alt. Wieder und wieder sah er nun die Beule.

Schließlich überzeugte Christy auch Harrington; gemeinsam berechneten sie, dass der Mond sehr groß und sehr nah an Pluto liegen müsste und offenbar in sechs Tagen den Planeten umkreist. Jahre später schoss das Hubble-Teleskop gestochen scharfe Aufnahmen der beiden Himmelskörper. Christy taufte den Mond Charon, zu Ehren seiner neuen Frau Charlene.

Die Entdeckung Charons wirft einige interessante Fragen auf, darüber, wie wir die Grenzen unseres Wissens erweitern und wie wir unsere Denkblockaden überwinden können. Wie wurde aus dem astronomischen Buchhalter James Christy ein Sternenfinder? Er hatte gute Gründe, den Mond *nicht* zu sehen. Jahrzehntelang hatten Astronomen die eiförmige Form Plutos als optischen Fehler, als technischen Defekt der Aufnahme verworfen. »Die meisten Astronomen, auch ich selbst, waren der Ansicht, dass es keinen Mond geben könnte, der in so kurzer Distanz um einen Planeten kreist«, schrieb Christy später in einer Reflexion über seine Entdeckung. »Und weil so viele vergeblich nach einem Pluto-Mond gesucht hatten, waren wir überzeugt: Pluto hatte keinen Mond. Viele von uns hatten das sogar ihren Studenten beigebracht.«

Doch als Christy die angeblich fehlerhaften Aufnahmen in die Hand nahm, war einiges anders als sonst. Er musste die Aufnahmen diesmal nicht vermessen und katalogisieren. Er hatte Erfahrungen mit Doppelsternen gesammelt. Und er hatte Zeit. Er ließ Augen und Gedanken streunen und machte den Fund seines Lebens.

Die Geschichte der menschlichen Entdeckungen ist voll von derartigen Geschichten. Alexander Fleming erforschte 1928 Bakterienkulturen am St. Mary's Hospital in London. Vor den Sommerferien setzte er eine Kultur mit Staphylokokken an; als er im September zurückkam, musste er feststellen, dass eine Probe offenbar verunreinigt gewesen war: Ein Schimmelpilz hatte sich gebildet. Bevor er die Probe wegwarf, schaute er sie sich allerdings noch einmal genauer an. Und er machte eine seltsame Beobachtung: Rund um den Schimmel konnten sich die Bakterien nicht vermehren. Fleming hatte das Penicillin entdeckt (ohne jedoch zu begreifen, was für eine bahnbrechende Erfindung er da gemacht hatte).

Derartige Glücksgriffe sind auch in der neueren Medizin noch möglich. Anfang der 1990er-Jahre testete ein großer Pharmakonzern an Probanden in Wales einen Wirkstoff, der helfen sollte, die Blutgefäße des Herzens zu erweitern. Das Medikament sollte Patienten mit Angina Pectoris, dem schmerzhaften und Todesangst erzeugenden Engegefühl in der Brust, Linderung verschaffen. Sildenafil, so der Name des Wirkstoffs, war ein klassischer Fehlschlag: Kaum ein Patient spürte Besserung. Doch Ian Osterloh, der betreuende Arzt, wurde hellhörig, als immer mehr seiner Patienten mit hochrotem Kopf von einer Nebenwirkung berichteten: Die Einnahme von Sildenafil bescherte den Männern eine Erektion, wie sie sie seit Jahren nicht mehr gehabt hatten. Ein Jahr später ließ der Pharmakonzern das Medikament unter dem Markennamen Viagra patentieren und setzte schon im ersten Jahr eine Milliarde Dollar damit um.

Manche Entdeckungen finden ihren Entdecker auf verschlungenen Wegen. Der deutsche Chemiker August Kekulé beschäftigte sich Mitte des 19. Jahrhunderts mit organischen Verbindungen, hatte jedoch Schwierigkeiten, die Form des Benzol-Moleküls zu definieren. Eines Tages saß er in seinem Studienzimmer in Gent, wo er als Professor lehrte, und schrieb an einem Lehrbuch, ohne recht voranzukommen. Er rückte den Sessel zurecht, sah ins Kaminfeuer des Studienzimmers und begann zu dösen. Vor seinen Augen begannen Moleküle zu tanzen, begannen sich zu schlängeln, und plötzlich biss sich eine Schlange in den eigenen Schwanz und formte damit einen Ring. Kekulé schreckte hoch. Plötzlich hellwach, zeichnete er die Struktur des Benzol-Moleküls auf: ein Ring aus sechs Kohlenstoffatomen, ein jedes verbunden mit einem Wasserstoffatom.

Lassen sich derartige Geistesblitze planen? Nein, aber es lohnt sich, darauf vorbereitet zu sein. Der deutsche Pharmakologe Otto Loewi träumte von einem ausführlichen Froschherzen-Experiment, mit dessen Hilfe es ihm gelingen sollte, den ersten Neurotransmitter zu entdecken. Als er davon mitten in der Nacht aufwachte, kritzelte er den Versuchsaufbau auf ein Papier auf dem Nachttisch und schlief seelenruhig wieder ein. Am nächsten Morgen gelang es ihm allerdings nicht, sein Gekritzel zu entziffern. Auch konnte er sich beim besten Willen nicht mehr an den Traum erinnern. Es war, wie er sich später erinnerte, der längste Tag seines Lebens. In der nächsten Nacht hatte er denselben Traum noch einmal. Als er wiederum mitten in der Nacht aufwachte, zog er seine Hosen an und ging ins Labor, um das Experiment sofort auszuprobieren. Es war ein voller Erfolg: Für seine Entdeckung wurde er später mit dem Nobelpreis ausgezeichnet.

Sind all dies Zufallsfunde? Ja, aber nicht nur. Der Astronom Christy war sich nicht zu schade, Fotoaufnahmen noch einmal unter die Lupe zu nehmen, die eigentlich als Ausschuss markiert waren (außerdem hatte er noch keinen Computer, sonst hätte er die verbliebene Zeit wohl dazu verwendet, ausstehende E-Mails zu beantworten). Alexander Fleming schaute sich die verschimmelte Bakterienkultur genauer an und warf sie nicht gleich weg. Ian Osterloh gab Sildenafil nicht gleich verloren, als der Wirkstoff wirkungslos schien. Und Kekulé und Loewi waren wach genug, ihre Träume nicht als Hirngespinste zu verwerfen. Allen war gemeinsam: Sie wichen von einem vorgezeichneten Weg ab.

Sie waren neugierig und unvoreingenommen genug, das zu finden, wonach sie *nicht* gesucht hatten.

In der wissenschaftlichen Literatur gibt es für diese Art der Entdeckung den Begriff der *Serendipity*. Das Wort geht auf den britischen Autor Horace Walpole zurück, der den Begriff zum ersten Mal 1754 in einem Brief an seinen Freund Horace Mann verwendet. Er beschreibt darin jenes persische Märchen, das von den drei Prinzen von Serendib handelt. Serendib war der damalige Name für das heutige Sri Lanka. Diese drei Prinzen werden von ihrem Vater in die Welt hinausgeschickt, um Weisheit zu erlangen. Ausgestattet mit einer scharfen Beobachtungsgabe und einem wachen Verstand, entdecken sie entlang des Weges ein entlaufenes Kamel, retten ein unterdrücktes Volk und finden die entführte Geliebte eines fremden Königs, um schließlich als weise Männer nach Serendib zurückzukehren und den Thron zu besteigen.

Das Märchen faszinierte Horace Walpole so sehr, dass er für die Problemlösungsmethodik der Prinzen eigens das Wort Serendipity prägte. Die Prinzen hatten keine ihrer Entdeckungen geplant; sie überwanden die Schwierigkeiten mit Hilfe ihres wachen, offenen, neugierigen Geistes. Das sei ein entscheidendes Kriterium für Serendipity, schrieb Walpole: »Eine Entdeckung von etwas, wonach du gesucht hast, fällt nicht unter diese Beschreibung.« Walpole beschrieb Serendipity als »accidental sagacity«, was sich als »durch einen Zufall hervorgerufene Weisheit« übersetzen lässt. Der Begriff wäre wahrscheinlich weitgehend in Vergessenheit geraten, hätte sich nicht der amerikanische Soziologe Robert K. Merton seiner angenommen. Merton war beim Blättern im Lexikon auf das Wort gestoßen – ein klassisches Beispiel für Serendipity –, und er begann darüber zu forschen und schließlich ein Buch über Serendipität als Triebkraft in der Wissenschaft zu schreiben. Das umfangreiche Werk – eine intellektuell hochklassige, zeitweise ziellose Suche nach dem Sinn der Serendipität – wurde 1958 fertig, doch erst 2003 auf Englisch verlegt; mit einem Nachwort, das der Autor, 91-jährig, mit großem

Bedauern vorzeitig beenden musste, da eine Operation bevorstand. Die Veröffentlichung erlebte er nicht mehr.

In einer Umfrage unter 1000 Sprachwissenschaftlern wurde Serendipity zu einem der am schwersten übersetzbaren Wörter der englischen Sprache gewählt, zusammen mit Wörtern wie »gobbledegook« und »poppycock«. Der deutsche Begriff Serendipität hat sich nie durchgesetzt. Serendipity lässt sich schwer definieren, allenfalls als das Gegenteil von Perfektion, Planbarkeit und Kontrolle. Serendipity ist der anarchische Geist des Zufalls und der Genialität. Niemand kann vorhersagen, wann und wo er uns neckend auf der Nase herumtanzen oder im Schlaf einen genialen Einfall einsagen wird. Serendipity lässt sich nicht beherrschen.

Doch ohne das segensreiche Wirken der Serendipity hätte die Welt Fleming längst vergessen, hätte Kekulé bis zum Tod über Formelketten gebrütet und wäre wohl in Depression versunken. Oft schafft Serendipity den Durchbruch, wenn wir vor einer Wand stehen und nicht mehr weiter wissen, eingegraben in unser Wissen. Serendipity ist das Licht am Ende des Tunnels; das erste Wort auf dem weißen, leeren Blatt.

Die Wissenschaft verdankt der Serendipity etliche Quantensprünge. Die Radioaktivität und die Röntgenstrahlen, die Vulkanisation von Gummi, Teflon und Sprenggelatine wurden allesamt von *durch Zufall hervorgerufener Weisheit* entdeckt. Der Chemiker James M. Schlatter versuchte 1965 ein Medikament gegen Magengeschwüre zu entwickeln, vergeblich; aber er wusch sich nach der Arbeit im Labor die Hände nur schlampig. Als er in einem Buch blätterte und dabei die Finger zum Umblättern anfeuchtete, hatte er einen süßen Geschmack auf der Zunge. Er hatte den Süßstoff Aspartame entdeckt.

Doch für die Wissenschaft, und damit auch für die menschliche Erkenntnis und für alle kreativ arbeitenden Menschen, bedeutet die Existenz von Serendipity ein schwieriges Dilemma. Wie lange lässt es sich verantworten, an einem scheinbar aussichtslosen Projekt zu arbeiten? Wartet die Lösung eines drängenden Problems schon an der nächsten Ecke oder wird sie nie erscheinen? Und vor allem: Wie wird sie aussehen, die Lösung? Serendipity ist schließlich per Definition unvorhersehbar.

Der Chemie-Nobelpreisträger Irving Langmuir soll gesagt haben, er setze sich grundsätzlich keine Ziele für seine Forschung, er gehe ins Labor, »um Spaß zu haben«. Doch der geniale Chemiker war sich bewusst, dass einem Glück nicht nur in den Schoß fällt. »Entdeckungen können nicht geplant werden«, so Langmuir, »aber wir können Arbeit planen, die zu Entdeckungen führt.«

Serendipity verschafft Glücksgefühle, wie ein Zufallsfund auf dem Flohmarkt. Oder wie eine Bekanntschaft auf Reisen, die einem Einblicke in ein fremdes Land oder Lebenserkenntnisse ermöglicht, zu denen man aus eigener Kraft nie gelangt wäre. Aber dies kann nur gelingen, wenn wir jederzeit – Serendipity kommt unverhofft – bereit für neue Entdeckungen sind, wenn wir jederzeit gewahr sind, was mit und um uns herum geschieht. Die Psychologie hat dafür den Begriff der Achtsamkeit geprägt, einen Zustand großen Selbst-Bewusstseins, der nur schwer zu erreichen ist. Serendipity verlangt eine Lebenseinstellung, die Unversöhnliches versöhnt: harte Arbeit mit Zeit für Muße; einen Blick für Details, aber auch fürs große Ganze; einen leidenschaftlichen Erkenntnisdrang mit der Bereitschaft, jederzeit in eine neue Denkrichtung davonzustürmen. Es ist die Fähigkeit, aus großer Geschwindigkeit heraus augenblicklich stillzustehen.

So kommt das Neue in die Welt. Aber wie kann das gelingen? Indem wir das Ziel einfach mal aus den Augen verlieren.

Wir sitzen im Büro, die Tür halb geöffnet, das Fenster gekippt für die frische Luft, und versuchen am Computer zu arbeiten. Auf Internetseiten blinken und flackern Werbebanner; ein hüpfendes Symbol mahnt uns, die eingegangene E-Mail zu lesen, während im Nachbarbüro zwei Kollegen lautstark diskutieren, dazu vor dem Fenster die Vögel zwitschern (oder der Verkehr rauscht). Und dann klingelt das Telefon. Was wollten wir eben noch schreiben?

Wer sich in solchen Situationen leicht ablenken lässt, hat ein Problem: eine geringe »latente Hemmung«. Diese Fähigkeit soll uns eigentlich helfen, Nebengeräusche auszublenden, eingehende Reize also unbewusst zu ignorieren, *bevor* sie im Kurzzeitgedächtnis verarbeitet werden. Damit schützt die latente Hemmung vor informationeller Überlastung – sie bewahrt uns buchstäblich davor, durchzudrehen. Menschen mit geringer latenter Hemmung neigen zu Psychosen und Schizophrenie. Eine Erklärung dafür ist, dass sie hilflos ständig neuen Reizen ausgesetzt sind, die ihren Geist jederzeit fortzutragen drohen.

Doch die latente Hemmung, dieser unbewusste Filter gegen das Rauschen der Welt, hat auch einen entscheidenden Nachteil: Sie behindert Serendipity. Und damit behindert sie Kreativität.

Das zeigt eine Studie an Harvard-Studenten. Jene Studenten, die als kreative Überflieger galten, hatten auch eine siebenfach höhere Wahrscheinlichkeit, mit geringer latenter Hemmung diagnostiziert zu werden. Das bedeutet, dass kreative Menschen »immer im Kontakt bleiben mit der zusätzlichen Information, die ständig aus der Umwelt auf sie einströmt«, wie einer der Autoren der Studie, Psychologie-Professor Jordan Peterson, erklärt. Der durchschnittlich kreative Mensch ordnet zufällig eintreffende Informationen – ein Geräusch, ein zugerufenes Wort, eine auf dem Bildschirm nebenbei gelesene Zeile, das Gesicht eines vorbeieilenden Menschen – sofort in Kategorien ein, unterscheidet »wichtig« und »unwichtig« und vergisst das vermeintlich Unwichtige sofort. »Der kreative Mensch dagegen ist immer offen für Neues«, sagt Peterson. Offen für neue Wege, offen für das Unerwartete. Das kann gut gehen, wenn diese Menschen zugleich mit einer überdurchschnittlichen Intelligenz gesegnet sind, die ihnen hilft, den breiteren Strom an Informationen auch zu verarbeiten. Die Ergebnisse der Studie könnten auch erklären, warum außergewöhnlich kreative Menschen anfälliger zu sein scheinen für Geisteskrankheiten – eine Bestätigung für das alte Sprichwort, dass Genie und Wahnsinn nahe beieinanderliegen.

Kreative Menschen sind also oft auch deswegen ideenreicher, weil sie aus ihrer Umwelt mehr Signale empfangen. Ihr Bild von der Welt ist detaillierter, reichhaltiger, bunter, weshalb auch ihre Vorstellungskraft detaillierter, reichhaltiger, bunter sein kann. Der Hirnforscher Gregory Berns (der das Asch-Experiment aus dem ersten Kapitel am Hirnscanner nachvollzogen hat), beschreibt Intuition als umgekehrte Kognition: »Unsere Vorstellungsgabe ist nichts anderes als unser Wahrnehmungsapparat im Rückwärtsgang.« Soll heißen: Was wir nicht zuvor gesehen, gehört, gerochen, geschmeckt oder gefühlt haben, steht uns auch nicht als Baustein für die Fantasie zur Verfügung. Eine effiziente Wahrnehmung – wie etwa ein Gehirn, das aus Energiespargründen einen bekannten Reiz wie den täglich selben Weg zur Arbeit nicht jedes Mal komplett neu verarbeitet – ist tödlich für unsere Fantasie. Dasselbe gilt für die latente Hemmung: Indem sie uns vor den Nebengeräuschen schützt, schneidet sie uns von möglichen neuen Informationen ab, die uns helfen könnten, ein neues Bild von unserer Umgebung zu formen.

Je mehr wir uns in einer Gegend, in einem Sachgebiet oder in einer Denkschule zu Hause fühlen, umso eher neigen wir dazu, die eingetretenen Trampelpfade nicht mehr zu verlassen. Wir finden uns blind in unserem Stadtteil zurecht, das gibt Sicherheit, aber sollen wir die Farbe der Fassaden der Häuser in der Straße beschreiben, haben wir Schwierigkeiten. Fremde dagegen, die zum ersten Mal durch die Straße gehen, werden Dinge entdecken – ein altes Straßenschild, eine eigenartige Dachziegelfarbe, einen absterbenden Baum –, für die wir längst keine Augen mehr haben. Den meisten Menschen fällt es schwerer, ihren Partner zu zeichnen als eine Person, die sie erst vor kurzem kennengelernt haben.

Es ist das Dilemma der Fachgelehrten: Je besser wir etwas kennen, umso weniger sind wir in der Lage, es neu zu sehen. Deswegen haben die besten Taxifahrer die größten Schwierigkeiten, eine Umleitung in ihren mentalen Stadtplan zu integrieren. Deswegen liegen Finanzexperten in ihren Vorhersagen so oft daneben. Deswegen gehen erfolgreiche Firmen zugrunde, wenn sich ihre Branche wandelt: Sie sind sich ihrer selbst zu lange sicher; und wenn sie die Gefahr erkennen, fehlt ihnen die Vielfalt im Denken. In der Denkfalle wird das Erfolgsrezept zum Giftcocktail. Dann ist neues, frisches, kreatives Denken gefragt. Aber wie? Indem wir Abstand gewinnen.

Ein einfacher Test: »Nehmt ein Blatt Papier zur Hand und notiert darauf alle Möglichkeiten für Transportarten, die euch einfallen. Es gibt keine richtigen und keine falschen Antworten! Die Ideen können ebenso gewöhnlich wie ungewöhnlich sein. Wie viele verschiedene Beförderungsmöglichkeiten fallen euch ein?«

Diese Frage stellte ein Team von Psychologen und Hirnforschern an der Indiana University zwei Gruppen von Studenten. Den Probanden wurde gesagt, es handele sich um einen Fragebogen, um ihr Sprachwissen zu testen. In Wahrheit wollten die

Forscher unter der Leitung von Professor Lile Jia herausfinden, ob sich die Kreativität der Gruppe durch eine kleine Detailveränderung am Versuchsaufbau steigern ließe. Der ersten Gruppe wurde beiläufig mitgeteilt, der Test sei von Studenten ihrer eigenen Universität entworfen worden. Die zweite Gruppe erfuhr, der Test sei von Studenten einer Universität in Griechenland entworfen worden. Das Ergebnis war verblüffend klar: Die Griechenland-Gruppe war deutlich kreativer, brachte mehr und überraschendere Ergebnisse hervor.

Warum hat ein so unbedeutendes Detail die Ergebnisse so nachhaltig beeinflusst? Wie gesagt: Es ging nicht darum, Transportmöglichkeiten *für* Griechenland oder *für* Indiana zu finden. Die Aufgabenstellung war in beiden Gruppen identisch. Trotzdem zogen die Gedanken jener Gruppe, die sich im Auftrag einer Studie in einem fremden (und aus der Indiana-Perspektive, exotischen) Land wähnte, deutlich weitere Kreise, wagten sich weiter vor, verließen das bekannte Terrain. Ihr Denken war flüssiger und flexibler.

Der Schlüssel für diesen Unterschied liegt in der Distanz. Dies jedenfalls besagt eine relativ junge Theorie aus dem Fachgebiet der Verhaltensökonomik, die Construal Level Theory. Sie beschäftigt sich mit der Frage, wie weit die (gefühlte) Distanz unsere Einschätzung eines Ereignisses oder Gedankens beeinflusst. Diese Distanz lässt sich nicht nur räumlich, sondern auch zeitlich schaffen, wie eine Studie an der Universität Bremen zeigte. Dort wurden Studenten allein dadurch zu kreativeren Problemlösungen angeregt, indem sie vor der Fragestellung gebeten wurden, sich auf eine mentale Zeitreise zu begeben und sich vorzustellen, wie ihr Leben in einem Jahr aussehen würde. Auch hier dasselbe Ergebnis: Die Gedanken schweiften und brachten ungewöhnliche Ideen hervor. Die andere Gruppe, ganz im Hier und

Jetzt verhaftet, hielt sich an das Naheliegende. Dasselbe funktioniert auch bei sozialer Distanz – wenn wir uns einer Aufgabe mit den Augen eines fremden Menschen nähern – oder bei »Wahrscheinlichkeits-Distanz« – wenn wir uns eine Frage als extrem unwahrscheinlich vorstellen.

Aber wieso macht Abstand uns kreativ – und sei es nur ein künstlich herbeigeführter Abstand, eine flüchtige Gedanken-Distanz? Die Antwort dafür liegt in unserem Abstraktionsvermögen, unserer Fähigkeit, Dinge ihrer anfassbaren Realität zu entkleiden und in ein Gedankenkonstrukt zu überführen. Je näher uns etwas liegt, desto konkreter nehmen wir dieses Ereignis wahr, und umso mehr lassen wir uns von dieser konkreten Vorstellung leiten und einschränken. Bleiben wir so im Konkreten verhaftet, kreisen unsere Gedanken um das Naheliegende, das Machbare. Je weiter wir uns von einem Gegenstand, einer Aufgabe entfernen, desto mehr abstrahieren wir. Und je abstrakter wir denken, umso kreativer werden wir: Wir lassen den Gedanken freien Lauf. So entsteht Kunst; Kreativität braucht Abstand.

So lässt es sich auch erklären, dass sich die besten Ideen mitunter zur Unzeit einstellen, unter der Dusche oder beim Dösen vor dem Kaminfeuer, wie im Fall des Chemikers Kekulé. Das Abstandsgebot bedeutet, dass es oft hilft, einen Schritt zurückzutreten und ein Problem aus der Distanz zu betrachten. Viel wichtiger aber: Es bedeutet, dass Außenseiter – jene, die nicht Tag für Tag mit einem Problem befasst sind – unter Umständen viel eher in der Lage sind, eine kreative Lösung zu finden. Es bedeutet, dass wir Inspiration nicht in der unmittelbaren Umgebung, nicht im »Hier und Jetzt«, sondern in der Distanz, im »Dort und Dann« suchen sollten. Dass wir uns gedanklich vorwagen sollten in das Fremde. Und es bedeutet, dass eine bunt gemischte Gruppe – Menschen aus unterschiedlichen Städten oder Weltregionen, aus unterschiedlichen sozialen Schichten und Berufen – eher geeignet ist, sich gegenseitig zu wilden Ideen zu inspirieren.

Lässt sich diese gedankliche Entdeckungsreise lernen? Können wir lernen querzudenken?

Wort des Tages: »Gurken … girlande!«

Deutschland, Potsdam, ein Glaskubus im Wald nahe dem Schloss Babelsberg. Vier Studenten rutschen auf ihren Stühlen umher, die sie um einen Rolltisch gruppiert haben. Sie versuchen, sich ein Liefersystem für eine Supermarktkette auszudenken; eine Aufgabe, von der sie keine Ahnung haben. Doch das macht nichts: Experten haben sowieso nur Denkblockaden. Allein Dilettanten denken das Undenkbare!

Der kreative Prozess ist kaum aufzuhalten. Ein orangefarbenes Stück Knetgummi fliegt quer durch den Raum, bleibt mit einem satten »Plopp« an der Wand kleben. Die weiße Tafel hinter dem Hochtisch dient als Abraumhalde für den intellektuellen Beifang. Bloß nichts verschwenden!

Wort des Tages: »Käse … rosette!«

Die Studenten – Mitte 20, Fusselbärte, grotesk große Brillengestelle – haben die Lieferkette des Supermarkts auf ein Papier skizziert, mit kleinen Männchen. Sie haben vor Ort recherchiert und festgestellt: Viele Lebensmittel werden weggeworfen, weil sie zu lange im Kühlregal stehen. »Die finden das normal!«, wundern sich die Studenten. »Und wenn jemand von den Angestellten eine Idee hat, wie man das besser machen kann, sagt er nichts. Weil er keinen Ärger kriegen will mit seinem Chef!«

Querdenker-Wüste Deutschland: Ausgetrocknete Ideen-Biotope. Und Hierarchien so alt, so steil und so hoch wie die Pyramiden von Gizeh.

Die Studenten im Potsdamer Glaskubus sollen das alles einmal besser machen. 2007 wurde die »HPI School of Design Thinking« gegründet. Das Konzept stammt von der kalifornischen Stanford-Universität. In zwei Semestern lernen die Studenten »T-förmig« zu denken, also zugleich analytisch (in die Tiefe) wie kreativ (in die Breite). »Hier lernen die Studenten querzudenken!«, verspricht das Schulvideo.

»Ich möchte Gefühle denken und Gedanken fühlen«, hat ein Schüler in seiner Bewerbung geschrieben, »und eine Flasche Wein mit einem Telefonbuch öffnen.«

»Die Studenten sind ja völlig verhunzt, wenn sie hier ankommen«, sagt Professor Ulrich Weinberg, der Direktor der Schule, der in seinem früheren Leben Videospiele entwickelt hat. Schwarzer Pullover, wasserblaue Augen, hellgraue Stoppeln auf glattrasiertem Kopf. Ein beweglicher Mensch, der sich unter seine Studenten mischt wie auf Mokassins, unaufdringlich. Er will an der HPI School of Design Thinking »erfinderisches Entwickeln« vermitteln, nicht, wie sonst an deutschen Unis, das »Tanken von Wissen«.

Für maximale Kreativität fordert das Konzept des »Design Thinking« bunt gemischte Gruppen – Informatiker, Juristen und Mediziner – in variablen Arbeitszimmern. Sogar eine eigene Möbelgarnitur hat die HPI School of Design Thinking entworfen, Stellwände und Hochtische, alles auf Rollen. Bewegliche Räume, beweglicher Geist! An den Wänden wuchern Haftnotizencluster, zu Hunderten rascheln die neonbunten Zettel beim Vorübergehen.

»Idee des Tages: Ich mach dich urban!«

Nicht alle Tage sind sonnig in der Schule; ein Team erzählt von ihrem jüngsten Projekt, das grandios gescheitert war. Es ging um Einsamkeit und Wohnen. Drei Wochen lang recherchieren die Studenten, doch keiner der Betroffenen möchte mit ihnen reden;

in der Gruppe gibt es Spannungen. Das Team funktioniert nicht, es bleiben nur noch zwei Tage bis zur Präsentation, sie stehen mit leeren Händen da, einige weinen. Dann die geniale Idee: Die Gruppe erzählt die Geschichte ihres Scheiterns, zeichnet den Gruppenprozess auf Luftballons, die sie nacheinander mit Nadeln zum Platzen bringen. Die Präsentation wird ein voller Erfolg. Ulrich Weinberg will, dass seine Studenten ihre Angst verlieren, Fehler zu machen: »Fail early, fail often!« Scheitere früh und oft!

»Idee des Tages: Schmerz ist entweichende Angst.«

Aber ist Scheitern wirklich hilfreich? Nicht nur das: Viele Querdenker finden sogar erst über das Scheitern ihren Weg. Und manche mit sagenhaftem Erfolg.

Steve Jobs gehört zu den wenigen Managern, die als unentbehrlich gelten. Unter seiner Führung ist Apple zu einem der erfolgreichsten, profitabelsten und wertvollsten Konzerne der Welt aufgestiegen. Wird er krank, fällt der Aktienkurs so stark, dass an einem Tag Milliardenwerte vernichtet werden. Steve Jobs *ist* Apple. Sein Erfolg mit der Marke schraubt die Erwartungen bei jedem Produkt, das Apple entwickelt, ein bisschen höher, um sie dann doch wieder zu übertreffen. Egal ob iPod, iPhone oder iPad: Jedes Mal, wenn Apple ein neues *gadget* auf den Markt wirft, stehen die Kunden Schlange vor den Läden. Steve Jobs' Kreativität und sein Gespür für die Bedürfnisse des Marktes und der Konsumenten, für Timing und für Moden scheinen unfehlbar.

Für Steve Jobs' Erfolg gibt es sicher viele Gründe: eine manische Obsession für Details, die Fähigkeit, seine Angestellten zu fordern und zu inspirieren. Doch ein weiterer wichtiger Grund wird oft übersehen: Steve Jobs ist mehr als einmal gescheitert. Und dieses Scheitern half ihm jeweils, Prioritäten zurechtzurücken und seinen Weg zu gehen.

Nach der Highschool gab es für Steve Jobs keine Alternative: Er musste zur Universität. Nicht, dass seine Noten so außergewöhnlich gut gewesen wären; aber Jobs war als Baby adoptiert worden, und seine biologische Mutter hatte der Adoption nur unter der Bedingung zugestimmt, dass seine Adoptiveltern ihn zur Universität schicken würden. Jobs schrieb sich an einem College ein, das so teuer war, dass er dafür die gesamten Ersparnisse seiner Adoptiveltern aufgebraucht hätte. Nach sechs Monaten schmiss er das Studium. Er verlor seine Studentenbude, schlief bei Freunden auf dem Boden, sammelte Pfandflaschen, um Geld für Essen zusammenzukratzen. Am Wochenende ging er zehn Kilometer zu Fuß für eine warme Mahlzeit im Hare-Krishna-Tempel am anderen Ende der Stadt. »Es war ziemlich beängstigend, aber ich hatte Vertrauen darauf, dass es gut ausgehen würde.« Weil er nichts Besseres zu tun hatte, nahm Jobs Stunden in Kalligraphie, allerdings ohne jede Hoffnung, »dass dies irgendwann einmal einen praktischen Nutzen in meinem Leben haben würde«. Er machte nie irgendeinen Abschluss.

Dennoch war das Studium aufzugeben, wie er 2005 vor Studenten der Stanford University erzählt, »eine meiner besten Entscheidungen, die ich jemals getroffen habe«.

Unbehindert von den Zwängen eines rigorosen Curriculums, gründete Steve Jobs im Alter von 20 Jahren gemeinsam mit seinem Partner Steve Wozniak in der Garage seiner Eltern die gemeinsame Firma. Als Apple später den ersten Macintosh auf den Markt brachte, wurde neben der Bedienung mit der Maus auch die Bildschirmschrift zum Markenzeichen. »Es war der erste Computer mit schön anzusehender Typographie«, sagte Jobs. »Hätte ich das Studium nicht aufgegeben, hätte ich nie Kalligraphie-Stunden genommen, und heutige Computer hätten nicht die wunderbare Typographie, die sie haben.«

Jobs scheiterte noch ein zweites Mal: Zehn Jahre nach der Gründung von Apple wurde er von der Firma geschasst, die er gegründet hatte. »Zuerst war es verheerend«, gestand Jobs den Studenten der Stanford-Universität, »es war ein sehr öffentliches Versagen.« Jobs dachte sogar daran, das Silicon Valley zu verlassen. Doch er besann sich und gründete das Animationsstudio Pixar, das später »Toy Story« produzierte, den ersten computeranimierten Kinofilm. »Von Apple gefeuert zu werden, stellte sich als das Beste heraus, was mir hatte passieren können«, sagte Steve Jobs im Rückblick, »statt des Gewichts des Erfolgs spürte ich nun die Leichtigkeit, wieder ein Anfänger zu sein.« Pixar stieg auf, und Apple drohte unterzugehen. Bis Jobs 1997 zurückkehrte und das Unternehmen zum Welterfolg führte.

Was lässt sich aus der kurvigen Erfolgsgeschichte von Steve Jobs lernen? Jobs ist sicher einzigartig: Die wenigsten Studienabbrecher enden als Multimilliardäre, die meisten Garagenfirmen scheitern, und eine solide akademische Bildung ist nach wie vor die beste Voraussetzung für beruflichen Erfolg. In vielen Unternehmen hätte ein junger Steve Jobs – bildungsfernes Elternhaus, ohne Studienabschluss, aber mit Neigung zur Kalligraphie – heute keine Chance, weiter als bis in die Pförtnerloge aufzusteigen. Scheitern ist in der Karriereplanung nicht vorgesehen.

Fehler sind das letzte große Tabu im Wirtschaftsleben, sagt der deutsche Organisationspsychologe Michael Frese. »Es ist leichter, Forschung über das Sexualleben älterer Manager zu betreiben als über ihre Fehler«, klagt Frese. Scheitern gilt als das negative Gegenbild zur Leistung. Wer scheitert, hat versagt.

Frese hält diese Haltung für kurzsichtig, plädiert dafür, offen mit Fehlern umzugehen, sie nicht zu verteufeln. Pannen sind das Rohmaterial für Kreativität; sie helfen, unser Denken zu erweitern. Fehler sind der Ursprung des Neuen; die gesamte Evolution beruht auf Reproduktionsfehlern – Mutationen – und auf einer gewissen Fehlertoleranz der Natur, die dem Neuen, der vermeintlichen Fehlentwicklung, die Chance gibt, sich als lebenstauglich zu erweisen.

Die Geschichte der Menschheit ist voll von brillanten Fehlern: Kolumbus scheiterte großartig bei seinem Versuch, den Seeweg nach Indien zu finden. Fehler sind eine Chance zur unerwarteten Serendipity, wenn wir offen sind, und neugierig genug, das Ergebnis des Fehlers zu analysieren. Als der amerikanische Elektroingenieur Wilson Greatbatch den Auftrag bekam, ein Gerät zum Abhören von Herztönen zu bauen, griff er in die falsche Schachtel und baute einen falschen Widerstand ein. Als er das Gerät einschaltete, gab es ein Klopfen von sich, das genau dem menschlichen Herzschlag entsprachen. Greatbatch wusste sofort, was er da vor sich hatte: Er hatte durch einen dummen Fehler den Prototypen des implantierbaren Herzschrittmachers erfunden.

Natürlich enden nicht alle Fehler so glücklich. Manche werfen uns Jahre zurück, zerstören die Hoffnung auf einen Durchbruch, zwingen uns, von vorn zu beginnen. Dennoch spielen Fehler für Querdenker, Entdecker und kreative Menschen eine entscheidende Rolle: weil sie unvermeidlich sind. Je mehr wir uns auf unbekanntes Terrain vorwagen, desto größer die Gefahr, dass wir abstürzen. Wer also versucht, Fehler zu vermeiden, schränkt seinen Aktionsradius immer weiter ein, bis er auf der Stelle tritt.

Nichts behindert Kreativität mehr als die Angst, Fehler zu machen. »Wer nicht bereit ist, Fehler zu machen, dem wird niemals etwas wirklich Neues, Eigenes einfallen«, sagt der britische Erziehungswissenschaftler Sir Ken Robinson.

Leider wird uns die Angst vor dem Scheitern, vor dem Fehler von klein auf eingetrichtert. Robinson hat Ende der 1990er-Jahre das britische Schulwesen im Auftrag der Regierung analysiert und kam zu einem deprimierenden Ergebnis. »Wir stigmatisieren Fehler in unseren Schulen, und damit unterrichten wir die Kreativität aus unseren Kindern heraus«, sagte Robinson in einem legendären Auftritt im Jahr 2006 vor der TED-Konferenz, einem jährlichen Treffen brillanter Quer- und Vordenker im kalifornischen Monterrey. Das Schulwesen, so Robinson, stammt aus dem Zeitalter der Industriellen Revolution, es ist organisiert wie ein Fließband – nach den Bedürfnissen der Industrie, funktionierende Bauteile auszustoßen. Wir organisieren den Unterricht nach Altersgruppen – »als ob das Herstellungsdatum der Kinder das wichtigste Kriterium wäre« –, anstatt nach Begabung, Lernfortschritt und Neigung. Und vor allem, klagt Robinson, schaffen wir in den Schulen eine Hierarchie, bei der Mathematik ganz oben, die Geisteswissenschaften in der Mitte und die Bewegung, der Tanz ganz unten stehen. »Wir unterrichten Kinder von der Hüfte aufwärts, fast nur im Kopf, und dort nur in der einen Gehirnhälfte.«

Auf diese Weise produziert das Bildungswesen eine Inflation akademischer Titel – und einen gefährlichen Mangel an Kreativität. In der Schule werde vielen Menschen klargemacht, dass ihre wahre Begabung nichts wert sei – dass Musiker kein wirkliches Berufsziel sei, dass man von der Kunst nicht leben könne. Das Ergebnis: »So viele hochgradig begabte, brillante und kreative Menschen glauben, sie seien all das nicht.« Eine Verschwendung. »Intelligenz ist vielfältig. Wir denken visuell, wir denken in Klängen, wir denken in Bewegung.«

Dabei tragen wir die Begabung zur Kreativität in uns – *alle* von uns. Die beiden amerikanischen Kreativitätsforscher George Land und Beth Jarman ließen 1600 Kinder im Alter von fünf Jahren an einem Test teilnehmen, den die amerikanische Raumfahrtagentur NASA entwickelt hatte, um besonders innovative Ingenieure und Entwickler ausfindig zu machen. Aufgabe war es zum Beispiel, möglichst viele ungewöhnliche Verwendungsmöglichkeiten für Ziegelsteine (zum Beispiel als Buchstützen, als Wassersparklotz für die Klospülung, als Briefbeschwerer und Käferklatsche) oder Büroklammern (Ohrring, Klebeflaschenverschluss, Kleiderbügel für Barbie-Blusen) zu finden. Der Test misst das »divergente Denken«, die Fähigkeit, möglichst viele Antworten auf eine Frage zu finden. Die Fähigkeit, nicht an das Naheliegende zu denken, den Gedanken Raum zu geben. Die Fähigkeit, querzudenken.

Die Fünfjährigen schnitten durch die Bank großartig ab. Und 98 Prozent schafften es in die Kategorie »hochgradig kreativ«. Das ist eine Traumquote, von der die Bewerber der NASA nur träumen konnten.

Als Land und Jarman dieselben Kinder fünf Jahre später noch einmal testeten, schafften das nur noch 30 Prozent. Im Alter von 15 Jahren waren es noch 12 Prozent, die als hochgradig kreativ gelten konnten. Und in einem breit angelegten Test mit 280 000 Erwachsenen, die 25 Jahre und älter waren, erreichten nur noch 2 Prozent diese Kategorie. Daraus sei zu schließen, schrieb George Land, dass wir uns im Laufe der Zeit unkreatives Verhalten aneignen.

Können wir dieses unkreative Denken wieder verlernen? Können wir lernen, *wieder* querzudenken?

Wir können – wenn wir bereit sind, viel von uns zu verlangen. Wir müssen bereit sein, den Gegendruck und die Trägheit der Masse auszuhalten. Wir müssen bereit sein, unser Bedürfnis nach Harmonie ungestillt zu lassen. Weiter Fragen zu stellen, wenn alle anderen bereits mit den Augen rollen und unruhig auf ihren Stühlen herumrutschen. Wir müssen bereit sein, Einsamkeit auszuhalten.

Und wozu das alles? Wozu überhaupt querdenken, wozu das Risiko, verlacht zu werden, allein zu stehen? Es ist die Frage, wofür wir leben: Um in Ruhe alt zu werden – oder mit dem Mut, unserer ewigen, niemals erlöschenden Neugier zu folgen. Den sicheren Boden unserer Weltgewissheit zu verlassen, um uns einem schwankenden Schiff anzuvertrauen, das uns gewiss nicht dorthin bringen wird, wohin wir uns wähnen – sondern an einen anderen, neuen, nie gesehenen Ort.

Quellenverzeichnis

EINLEITUNG

Gerta Keller; Professor für Geowissenschaften, Princeton University – Interview, 2009

»Public Lives: Where Dinosauriers Roamed, She Throws Stones«, New York Times, 17. Dez. 2003

Gerta Keller (Biographie), The Star-Ledger, New Jersey, 27. Jan. 2008

»›Dino killing‹ asteroid theory takes fresh hit«, Geoscientist Online, 27. April 2009

»The Bricks of Scholarship«, New York Times, 21. Jan. 1988

»The Debate Over Dinosaur Extinctions Takes an Unusually Rancorous Turn«, New York Times, 19. Jan. 1988

»New Theory on Dinosaurs: Multiple Meteorites Did Them In«, New York Times, 5. Nov. 2002

»Dinosaur dust-up: Princeton paleontologist produces evidence for new theory on extinction«, Princeton Weekly Bulletin, 22. Sept. 2003, Vol. 93, Nr. 3

1. HIRNFORSCHER

Gregory S. Berns, Professor für Neuroökonomie, Emory University, Atlanta – Interview, 2009

Gregory Berns: »Iconoclast«, A Neuroscientist Reveals How to Think Differently, Harvard Business Press, Boston 2008

Gregory S. Berns et al.: »Neurobiological Correlates of Social Conformity and Independence During Mental Rotation«, Biological Psychiatry, Aug. 2005, Bd. 58, Nr. 3, S. 245–253

»What Other People Say May Change What You See«, New York Times, 28. Juni 2005

Solomon E. Asch: »Opinions and Social Pressure«, Scientific American, Nov. 1955, Bd. 193, Nr. 5, S. 31–35

Solomon E. Asch: »Group forces in the modification and distortion of judgments«, Social Psychology, 1952, S. 450–501

The Solomon Asch Center (Biographie), *www.brynmawr.edu/aschcenter/about/solomon.htm*

The Legacy of Solomon Asch, Essays in Cognition and Social Psychology, hrsg. von Irvin Rock, Psychology Press, 1990

Cell Press, »Brain Mechanisms Of Social Conformity«, ScienceDaily, 16. Jan. 2009

Rocco J. Gennaro: »Visual Agnosia and Higher-Order Thought Theory«, Department of Philosophy, Indiana State University, *www.theassc.org/files/assc/VisualAgnosia-HOTTheory.pdf*

»Why is this man smiling?«, Emory Magazine, Winter 2008, *www.emory.edu/EMORY_MAGAZINE/2008/winter/cover.html*

Vasily Klucharev: »Reinforcement Learning Signal Predicts Social Conformity«, Neuron, 15. Jan. 2009, Bd. 61, Nr. 1, S. 140–151

2. EINSAME HELDEN

Thomas Gold: »The deep, hot biosphere«, Proceedings of the National Academy of Sciences (PNAS), USA, Juli 1992, Bd. 89, S. 6045–6049

Geoffrey Burbidge, Margaret Burbidge: Thomas Gold 1920–2004, Biographical Memoirs, Bd. 88, 2006, National Academy of Sciences, Washington, D.C.

»Random Samples«, Nachruf, Science, 2. Juli 2004, Bd. 305, Nr. 5680, S. 39

Anthony Tucker: »Thomas Gold«, Nachruf, The Guardian, 24. Juni 2004

»Thomas Gold«, Nachruf, Cornell New Release, 22. Juni 2004

Stanley F. Dermott: »Thomas Gold«, Nachruf, Bulletin of the American Astronomical Society, Dez. 2004, Bd. 36, Nr. 5, S. 1673–1675

David DeVorkin: Interview with Thomas Gold at Cornell University, 30. Sept. 1983, Niels Bohr Library & Archives, *www.aip.org/history/ohilist/28197.html*

Simon A. Cole: »Which Came First, the Fossil or the Fuel?«, Social Studies of Science, Nov. 1996, Bd. 26, Nr. 4, S. 733–766

David T. Kemp: »Thomas Gold – Ahead of his Time«, Nachruf, ARO, Juli 2004, *www.aro.org/announcements/gold.htm*

»Thomas Gold«, Nachruf, The Telegraph, London, 25. Juni 2004, *www.telegraph.co.uk/news/obituaries/1465406/Thomas-Gold.html*

Thomas Gold: »The Inertia of scientific thought«, Speculations in Science and Technology, 1989, Bd. 12, Nr. 4, S. 245–253

Ken Ringle: »A Scientific Heretic Delves Beneath the Surface«, Washington Post, 1. Nov. 1999

Paul A. Heckert: Steady State Cosmology, A Cosmological Alternative to the Big Bang Theory, *www.suite101.com/content/steady-state-cosmology-a23666*
Thomas Gold: »The deep, hot biosphere«, PNAS, Juli 1992, Bd. 89, Nr. 13, S. 6045–6049, *www.pnas.org/content/89/13/6045.full.pdf+html*
Jürgen Renn, Max-Planck-Institut für Wissenschaftsgeschichte, Berlin – Interview, 2009
Dieter Gernert: »How to reject any Scientific Manuscript«, Essay, Journal of Scientific Exploration, 2008, Bd. 22, Nr. 2, S. 233–243
Interview mit Barry Marshall, The New Scientist, 9. Dez. 2006
»Semmelweis kritisiert Virchows Haltung zur Puerperalsepsis«, Universität Würzburg, 2009, *www.pathologie.uni-wuerzburg.de/geschichte/virchow_in_wuerzburg/forschung/puerperalsepsis/semmelweis_zitat/*
Thomas S. Kuhn: Die Struktur wissenschaftlicher Revolutionen, Suhrkamp, 1967
Tony Long: »Jan. 4, 1903: Edison Fries an Elephant to Prove His Point«, wired.com, 4. Jan. 2008, *www.wired.com/science/discoveries/news/2008/01/dayintech_0104*

3. GRUPPENDENKEN

»Nuclear Power Gain Reported But Experts Express Doubts«, New York Times, 24. März 1989
»The Young Physicists: Atoms and Patriotism Amid the Coke Bottles«, New York Times, 31. Jan. 1984
»Fusion in a Jar: Announcement by 2 Chemists Ignites Uproar«, New York Times, 28. März 1989
»›Cold Fusion‹ Patents Sought«, New York Times, 13. April 1989
»Physicists Debunk Claim Of a New Kind of Fusion«, New York Times, 3. Mai 1989
»Warming Up to Cold Fusion«, Washington Post, 21. Nov. 2004
»Fusion in a cold climate«, The New Scientist, 18. Juli 2009
Tim Barribeau: An Interview With Peter Hagelstein, io9, 23. März 2010, *http://io9.com/5499139/an-interview-with-peter-hagelstein*
Elliot Aronson, Professor Emeritus, University of California, Santa Cruz – Telefoninterview, 2009
Elliot Aronson: The Social Animal, 10. Aufl., Worth/Freeman, New York 2008
Elliot Aronson: »Drifting My Own Way«, Kap. 1 in: Robert J. Sternberg: Psychologists Defying the Crowd, American Psychological Association, 2003
Irving L. Janis: »Groupthink«, Psychology Today, Nov. 1971, S. 43–46 und 74–76

Irving L. Janis: Victims of groupthink, Houghton Mifflin, 1972
Irving L. Janis: Groupthink (2. Aufl.), Houghton Mifflin, 1982
Robert Dallek: An Unfinished Life. John F. Kennedy, 1917–1963, Little, Brown, and Co., Boston, 2003
Laurence Chang, Peter Kornbluh: The Cuban Missile Crisis, 1962, Introduction, 1. Okt. 1998, The National Security Archive, The George Washington University, *www.gwu.edu/~nsarchiv/nsa/cuba_mis_cri/declass.htm*
Robert S. Baron: »So right it's wrong: Groupthink and the ubiquitous nature of polarized group decision making«, Advances in Experimental Social Psychology, 2005, Bd. 37, S. 219–253
Williams, Cheung, Choi: »Cyberostracism: Effects of Being Ignored Over the Internet«, Journal of Personality and Social Psychology, 2000, Bd. 79, Nr. 5
Ron Callari: »Does Social Media Produce Groupthink?«, inventorspot.com
Viktor Mayer-Schönberger: »Can We Re-invent the Internet?«, Science, Policy Forum, 24. Juli 2009

4. EXPERTEN

Paul Krugman: »Bursting Bubble Blues«, Gastkommentar in der New York Times, 30. Okt. 2006
»Doomsayers in Fashion This Year«, New York Times Deal Book, 21. Jan. 2008
Stephen Mihm: »Dr. Doom«, New York Times, 17. Aug. 2008
Robert Shiller: »Challenging the Crowd in Whispers, Not Shouts«, New York Times, 1. Nov. 2008
Nouriel Roubini: »Doctor Doom, Doomsayers – Or Realists?«, Forbes.com, 4. Juni 2009
»John Cassidy; The Economy: Why They Failed«, The New York Review of Books, 9. Dez. 2010
»Researcher Condemns Conformity Among His Peers«, New York Times, 23. Juli 2009
Paul Krugman: »How Did Economists Get It So Wrong?«, New York Times, 6. Sept. 2009
»Alan Greenspan: Market maestro«, BBC News World Edition, 27. Sept. 2002
James Devine: »Psychological Autism, Institutional Autism and Economics«, Post-Autistic Economics Review, 16. Sept. 2002, Nr. 16
Adam Kessler: »Cognitive dissonance, the Global Financial Crisis and the discipline of economics«, Real-World Economics Review, 2010, Nr. 54
Peter Marris: Loss and Change, Pantheon Books, 1974

Philip E. Tetlock: Expert Political Judgment: How Good Is It? How Can We Know?, Princeton University Press, 2005
Mark Liberman: »Rats beat Yalies: Doing better by getting less information?«, 11. Dez. 2005, Language Log, *http://itre.cis.upenn.edu/~myl/languagelog/archives/002700.html*
Louis Menand: »Everybody's An Expert«, New Yorker, 5. Dez. 2005
Woollett, Maguire: »The Effect of navigational expertise on wayfinding in new environments«, Journal of Environmental Psychology, Jahr fehlt, Bd. 30, Nr. 4, S. 565–573
»How skilled are London taxi drivers at learning routes through unfamiliar towns?«, BPS Research Digest, 16. Nov. 2010, *http://bps-research-digest.blogspot.com/2010/11/how-skilled-are-london-taxi-drivers-at.html*
»Taxi drivers' brains ›grow‹ on the job«, BBC News World edition, Science/nature, 14. März 2000
Eleanor A. Maguire: »Navigation-related structural change in the hippocampi of taxi drivers«, PNAS, 11. April 2000, Bd. 97, Nr. 8, S. 4398–4403
Jonah Lehrer: »The Cognitive Cost Of Expertise, The Frontal Cortex«, wired.com, 19. Nov. 2010
George A. Miller: »The Magical Number Seven, Plus or Minus Two: Some Limits on Our Capacity for Processing Information«, The Psychological Review, 1956, Bd. 63, S. 81–97
K. Anders Ericsson: »The Making of an Expert«, Harvard Business Review, Juli/Aug. 2007
Ericsson, Roring, Kiruthiga: »Giftedness and evidence for reproducibly superior performance: an account based on the expert performance framework«, High Ability Studies, Juni 2007, Bd. 18, Nr. 1, S. 3–56
Stanislas Dehaene: »Cerebral constraints on reading and arithmetic: Education as a ›neuronal recycling‹ process«, in: The educated brain, Cambridge University Press, 2008, S. 232–248

5. GRUNDZÜGE EINER DISSENSKULTUR

»12 Angry Men«, 1957, Regisseur: Sidney Lumet
Cass R. Sunstein: Conformity and Dissent, The Law School, University of Chicago, 2002
Cass R. Sunstein: Why Societies Need Dissent, Harvard University Press, 2003
»Grossly excessive« punitive damages – BMW of North America, Inc. v. Gore, 517 U.S. 559, 1996 (Urteil)

Hirshleifer, Bikhchandani, Welch: »A Theory of Fads, Fashion, Custom, and Cultural Change as Informational Cascades«, The Journal of Political Economy, Okt. 1992, Bd. 100, Nr. 5, S. 992–1026

Hirshleifer, Bikhchandani, Welch: »Information Cascades and Rational Herding: An Annotated Bibliography and Resource Reference«, *www.info-cascades.info/*

Bikhchandani, Hirshleifer, Welch: »Learning from the Behavior of Others: Conformity, Fads, and Informational Cascades«, Journal of Economic Perspectives, 1. Mai 1998

Charlan Jeanne Nemeth, Professor of Psychology, University of California, Berkeley – Telefoninterview, 2009

Charlan Nemeth: »Managing innovation: When less is more«, California Management Review, 1997, Nr. 40, S. 59–74

Nemeth, Goncalo: »Rogues and Heroes: Finding Value in Dissent«, in: Jetten, Hornsey: Rebels in Groups: Dissent, Deviance, Difference and Defiance, Wiley-Blackwell, 2010

Jetten, Hornsey: The Many Faces of Rebels, Blackwell Publishing, 2011

Schulz-Hardt, Brodbeck, Mojzisch, Kerschreiter, Frey: »Group Decision Making in Hidden Profile Situations: Dissent as a Facilitator for Decision Quality«, Journal of Personality and Social Psychology, 2006, Bd. 91, Nr. 6, S. 1080–1093

Dyck, Morse, Zingales: Who Blows the Whistle on Corporate Fraud?, Finance Working Paper Nr. 156, 2007

»Schlüsselämter: Oberschicht unter sich«, 2. Teil: Großbürgertum in den Vorstandsetagen, manager magazin, 16. Juni 2006

Eliteforscher Hartmann: »Zum Manager wird man geboren«, Interview mit Michael Hartmann, Stern, 21. Okt. 2007

Ingram, Morris: »Do People Mix at Mixers? Structure, Homophily, and the ›Life of the Party‹«, Administrative Science Quarterly, Dez. 2007, Bd. 52, Nr. 4, S. 558–585

Mark Granovetter: »The Strength of Weak Ties: A Network Theory Revisited«, Sociological Theory, 1983, Bd. 1, S. 201–233

Ruef, Aldrich, Carter: »The structure of founding teams: Homophily, strong ties, and isolation among U.S. entrepreneurs«, American Sociological Review, 2003, Bd. 68, S. 195–222

Martin Ruef: »Strong ties, weak ties and islands: structural and cultural predictors of organizational innovation«, Industrial and Corporate Change, Juni 2002, Bd. 11, Nr. 3, S. 427–449

6. DIE KUNST DER FRAGE

John Brockman – Interview, 2009
Edge, *www.edge.org*
John Brockman: »The Third Culture«, Essay, 1991, *http://edge.org/third-culture*
John Brockman: The Third Culture, Touchstone, 1995
John Brockman (Hrsg.): What is Your Dangerous Idea?, Pocket Books, 2007
The Edge Annual Question, *http://edge.org/annual-question*
Max Brockman (Hrsg.): What's Next? – Dispatches on the Future of Science, Vintage Books, 2009
»Los científicos son naturalmente optimistas«, Interview mit John Brockman, La Nación, 30. März 2008
The hustler, Porträt von John Brockman, The Guardian, 30. April 2005
»Brockman's Taste for Science«, Interview, artnode.se
»James Lee Byars, 65, Creator Of Art That Lived in a Moment«, New York Times, 30. Mai 1997
James Lee Byars: Zur Spiritualität des Fragens, *www.artandreligion.de*
Open Archive # 2, James Lee Byars, World Question Center, *http://expo.argos arts.org/work.jsp?workid=d834be3688954 73eae5d415862bdad13*
»I have impeached myself«, Great interviews of the 20th century, The Guardian, 7. Sept. 2007
History Commons, The Nixon Administration and Watergate: »Early 1976: Nixon Agrees to Multiple Interviews with British Entertainer David Frost«, *www.historycommons.org/context.jsp?item=a1976nixonfrost#a1976nixon frost*
»The Question Man, What to Do, What to Avoid«, American Journalism Review, Okt. 2000
Chip Scanlan: »Tools of the Trade: The Question«, The Poynter Institute, 20. Aug. 2002
REGIERUNGonline, »Wir haben schon ganz andere Herausforderungen bewältigt«, Interview mit Angela Merkel, Bild-Zeitung, 11. März 2009
zdf neo, Sarrazin bei Stuckrad – Das Original, Teil 1, *www.youtube.com/watch ?v=IQioYZmBe1c*

7. NEUGIER

Garwin, Lincoln (Hrsg.): A Century of Nature: Twenty-One Discoveries that Changed Science and the World, The University of Chicago Press, 2003

George F. Smith: »The Early Laser Years at Hughes Aircraft Company«, IEEE Journal of Quantum Electronics, Juni 1984, Bd. QE-20, Nr. 6
»Theodore Maiman, 79, Dies; Demonstrated First Laser«, New York Times, 11. Mai 2007
»Inventing the light fantastic: Ted Maiman and the world's first laser«, OE Reports, Aug. 2000
Theodore Maiman: »Stimulated Optical Radiation in Ruby«, Nature, 6. Aug. 1960, Bd. 187, Nr. 4736, S. 493–494
SPIE: Advancing the Laser, Laser Pioneers: Theodore Maiman, *http://mfile.akamai.com/65904/mov/spiestorage.download.akamai.com/65904/LaserVideoSeries/TedMaiman.mov*
Robert V. Moody: »Why Curiosity-Driven Research?« (Vortrag), 17. Feb. 1995
»The NS Interview: Colin Blakemore«, New Statesman, 13. Aug. 2010
»Colin Blakemore: Invest in curiosity. It leads to pots of gold«, The Times, 9. Okt. 2009
»From Boyhood Curiosity to Scientific Discovery: Biologist Tyrone Hayes Links Pesticides to Amphibian Deformities«, San Francisco Chronicle, 4. Nov. 2002
»Curiosity Can Lead to Useful Discoveries, Says Nobel Prize Winner«, Epoch Times, 15. Dez. 2009
»Greider: Nobel Prize a ,Tribute to Curiosity'«, *www.youtube.com/watch?v=BYDV1Z5cv1E*
Helga Nowotny: Unersättliche Neugier. Innovation in einer fragilen Zukunft, Kulturverlag Kadmos, 2005
Helga Nowotny: Das Dilemma mit der Neugier und deren Nutzen, Project Syndicate, 2006
George Loewenstein: »The Psychology of Curiosity: A Review and Reinterpretation«, Psychological Bulletin, 1994, Bd. 116, Nr. 1, S. 75–98
Kang, Hsu, Krajbich, Loewenstein, McClure, Tao-yi Wang, Camerer: »The wick in the candle of learning: Epistemic curiosity activates reward circuitry and enhances memory«, Psychological Science, 2009, Bd. 20, Nr. 8
Irving Biederman, Edward Vessel: »Perceptual Pleasure and the Brain«, American Scientist Magazine, Mai/Juni 2006
»Brain Rewards Curiosity with Shot of Natural Opiate«, University of Southern California News, 21. Juni 2006
»Grasping the Pleasure Principle«, Southern California News, 23. Juni 2006
Kashdan, Yuen: »Whether highly curious students thrive academically depends on perceptions about the school learning environment: A study of Hong Kong adolescents«, Motiv Emot, 2007, Bd. 31, S. 260–270

Todd B. Kashdan, Paul J. Silva: Curiosity and Interest: The Benefits of Thriving on Novelty and Challenge, Oxford Handbook of Positive Psychology, Oxford University Press, 2009

»Curiosity, an Engine of Well-being: An Interview with Todd Kashdan«, Positive Psychology News Daily, 21. April 2009

8. KREATIVITÄT

Govert Schilling: The Hunt for Planet X, Springer Science+Business Media, 2009

James W. Christy: »A Moment of Perception«, in: Mark Littmann: Planets Beyond: Discovering the Outer Solar System, John Wiley & Sons, 1988

Ian Osterloh: »How I discovered Viagra«, Cosmos Magazine, Ausg. 15, Juni 2007

»Drug innovators: Dr Nick Terret and Dr Ian Osterloh, Viagra«, The Guardian, 31. März 2002

Royston M. Roberts: Serendipity: Accidental Discoveries in Science, Wiley Science Editions, 1989

Robert K. Merton, Elinor Barber: The Travels and Adventures of Serendipity, Princeton University Press, 2004

»Let Your Creativity Soar«, Scientific American Mind (Panel Discussion), Juni/Juli 2008

Jia, Hirt, Karpen: »Lessons from a faraway land: The effect of spatial distance on creative cognition«, Journal of Experimental Social Psychology, 2009, Ausg. 45, S. 1127–1131

Shapira, Liberman: »An Easy Way to Increase Creativity: Why thinking about distant things can make us more creative«, Scientific American, 21. Juli 2009

Trope, Liberman: »Temporal Construal«, Psychological Review, 2003, Bd. 110, Nr. 3, S. 403–421

Dietrich, Kanso: »A Review of EEG, ERP, and Neuroimaging Studies of Creativity and Insight«, Psychological Bulletin, 2010, Bd. 136, Nr. 5, S. 822–848

Carson, Peterson, Higgins: »Decreased Latent Inhibition Is Associated With Increased Creative Achievement in High-Functional Individuals«, Journal of Personality and Social Psychology, 2003, Bd. 85, Nr. 3, S. 499–506

Förster, Friedman, Liberman: »Temporal Construal Effects on Abstract and Concrete Thinking: Consequences for Insight and Creative Cognition«, Journal of Personality and Social Psychology, 2004, Bd. 87, Nr. 2, S. 177–189

Ulrich Weinberg, HPI School of Design Thinking, Interview, Besuch der Schule, 2009

Steve Jobs: Commencement Speech at Stanford University, 14. Juni 2005

Michael Frese: Psychologe, Universität Lüneburg – Interview, 2010

»Wunderbares Rohmaterial«, Interview mit Michael Frese, Wirtschaftswoche, 22. Aug. 2006

Ken Robinson: »School Kills Creativity«, TED Talk, Feb. 2006, *www.ted.com/talks/ken_robinson_says_schools_kill_creativity.html*

Land, Jarman: Breakpoint and Beyond: Mastering the Future Today, Harpercollins, 1992

Ken Robinson: The Element: How Finding Your Passion Changes Everything, Penguin Books, 2009

Danksagung

Mein Dank gebührt allen Wissenschaftlern, die während meiner Recherchen zu diesem Thema Zeit für ein Interview fanden, allen voran Gregory Berns, Charlan Nemeth, Jürgen Renn, John Brockman und Elliot Aronson. Dank außerdem an Jens Schröder und Christoph Kucklick für ihre Inspiration, an Michael Gaeb für die Idee zu diesem Buch, an Tanja Rauch für das klare und behutsame Lektorat. Und an Carmen, Amaya und Ana Elisa für ihre Geduld.